© Luis Miguel Benito de Benito
1ª edición, abril 2025

Obra coordinada por:
Opera Prima

C/ Espejo, 10

28013 – Madrid

Tels. 91 559 29 49 / 55 22

operaprima@operaprima.es

www.operaprima.es

Maqueta: Nacho Donoso Bailón

ISBN: 978-84-10244-54-2

Depósito legal: M-9601-2025

Impreso en España

Legado a mis hijos

Luis Miguel Benito de Benito

Opera Prima

Índice

❧

Prólogo

Todo lo que es grande comenzó un día siendo pequeño. "Yo también fui protozoo" decía un tipo ocurrente. Así es, todos los que ahora leéis esto, un día fuisteis unicelulares, por unos instantes. Enseguida comenzó un desarrollo vertiginoso, una organización biológica por aparatos, sistemas y sentidos. El nacimiento en una familia que no elegisteis. Os encontrasteis en un entorno familiar y social que os enseñó a estar en el mundo, a descubrir vuestras limitaciones y vuestras posibilidades. Es posible que alguno de vosotros no tuviese la oportunidad de conocer a sus padres y acaso fue educado por otras personas. Pero todo lo que fuimos aprendiendo en nuestra infancia procedía del entorno que nos acogió en los primeros años de nuestra existencia, donde se forjan nuestros primeros recuerdos.

La apertura al mundo, fuera del núcleo familiar, nos enseñó otras realidades que no procedían del nido. Fuimos forjando nuestro carácter con las influencias de amigos. Y al llegar a la vida adulta algunos han madurado para tomar decisiones de compromiso y otros no. Algunos se enamorarán o casarán y otros derivarán sus ansias de realización con ideas más espirituales, se consagrarán a Dios o a la investigación científica o aun una causa o un ideal.

Algunos aceptarán la responsabilidad de ser padres, de criar hijos. Y precisamente para éstos es para quienes está especialmente dirigido este libro. Porque todos fuimos hijos (hayamos conocido o no a nuestros padres) pero no todos serán padres. Ese momento de ser padre es el que transforma tu modo de ver la vida. Te hace más exigente y más benevolente, más austero y más sacrificado. Comprendes, desde otra dimensión, las cosas que antes tenías delante y no podías ver: comprendes lo que te decían muchas veces tus padres pero nunca entendiste como ahora resuena en tu memoria. Ves la vida desde la dimensión de la responsabilidad que entraña ser… progenitor.

Puede parecer que este prólogo está dirigido a padres y no es adecuado para un "legado a mis hijos" pero no es así: se trata realmente de un relato a unos hijos desde la perspectiva de un padre que se encontró siendo padre sin haberlo previsto. Quizás desde esa óptica sea más fácil de entender el sentido de este prólogo, aunque, como insinúo, la comprensión del mensaje sólo es posible plenamente cuando uno se inicia en la paternidad. A partir de ese momento, se suceden en la vida numerosas situaciones que dan lugar a un torbellino de sensaciones que van desde las más placenteras a las más trágicas y dolorosas. Los hijos traen alegrías enormes y también profundas tristezas, y así son fuente de llantos en uno y otro sentido, pues hay lágrimas de gozo y de pena.

Este relato se comenzó a gestar en 2017. A raíz de mi postrera paternidad, un nuevo hijo cuando ya había cumplido yo los 50 años, me llevó a considerar la conveniencia de reflejar por escrito lo que me parecía importante decirles. No podía irme de este mundo sin que conociesen lo que para mí es lo más esencial en el orden de la educación que debo transmitirles. En los años que he ido escribiendo los breves capítulos que compondrían este libro ha habido numerosos altibajos emocionales. Motivos para grandes festejos y euforia, y también situaciones de pesimismo emocional, casi siempre por falta de comunicación o malentendidos. Superando los altibajos anímicos, fui modulando el relato y, en última instancia, suprimiendo algunas cosas más personales por expreso deseo de mi mujer.

Quiero agradecer a Dios que nos haya confiado el cuidado y custodia de cada uno de nuestros diez hijos, cada uno singular, a cada cual más original e irrepetible, a los cuales llevamos al bautismo con la petición del canon, *ut in electorum tuorum iubeas grege numerari*, para que el Señor se digne contarlos entre sus elegidos. Quiero agradecer a mi mujer, María del Pilar, de la que vi salir esos diez hijos a quienes dedico este libro, el haber contribuido a su formación moral, intelectual y espiritual con su vida, con su sonrisa y con su ejemplo, hasta que nos dejó el pasado 1 de abril de 2024. Quiso antes de morir que no se la mencionase en este legado, y retiré todo lo que hacía referencia a ella, pero no dijo nada del prólogo. Huelga decir que el legado es suyo.

Con el deseo de que estas páginas sean de utilidad a los padres que no saben cómo dirigirse a sus hijos.

Con la esperanza de que en estas líneas los hijos encuentren el motivo del incesante y en ocasiones cargante desvelo de sus padres.

Con el anhelo de que los que ahora son hijos y mañana padres tengan en estas líneas una guía para esa espectacular transformación.

Y, sobre todo, para que mis hijos entiendan que sus padres han procurado siempre a través de su felicidad en la tierra dirigir su mirada y sus pasos hacia la felicidad eterna.

Por todo ello, y para mayor gloria de Dios, se ha escrito este libro.

1.- Comunicación

Una de las cosas que caracteriza a los seres humanos es la capacidad de comunicación, variada y versátil, compleja y a la vez intuitiva. Todos los animales se comunican, tienen sus maneras de "entenderse", pero entre todos los animales, los humanos tenemos más desarrollada la capacidad de comunicarnos unos con otros. Incluso podemos hacernos entender aunque no hablemos el mismo idioma[1].

Otra de las características de los seres humanos es su sociabilidad: somos animales sociales, vivimos en comunidades más o menos amplias de individuos que interaccionan y, para esa interacción, empleamos la comunicación, verbal o no verbal. Precisamente cuando la convivencia social se hace difícil o se rompe suele ser porque hubo un fallo en la comunicación. Podemos tener conflictos con nuestros semejantes aunque hablemos el

---

1. Nota del Prof. Jordi Morillas: "Es verdad que la voz puede realmente expresar la alegría y el dolor, y así no les falta a los demás animales, porque su organización les permite sentir estas dos afecciones y comunicárselas entre sí; pero la palabra ha sido concedida para expresar el bien y el mal, y, por consiguiente, lo justo y lo injusto, y el hombre tiene esto de especial entre todos los animales: que sólo él percibe el bien y el mal, lo justo y lo injusto y todos los sentimientos del mismo orden cuya asociación constituye precisamente familia y el Estado". Aristóteles, *Política*, libro I.

mismo idioma, porque la comunicación fracasa, los diálogos dan lugar a malentendidos o no se logra expresar lo que uno realmente quiere que el otro comprenda. La comunicación, cuando no se logra, puede dar lugar a muchas situaciones críticas o comprometidas. Normalmente comunicar busca trasladar lo que yo tengo en mi cabeza, exactamente eso, a la cabeza de otro y que lo entienda de igual manera. Un objetivo aparentemente tan simple, puede sufrir alteraciones en diferentes fases de ese proceso que generalmente es inmediato.

De entrada, es necesario que el que desea comunicar algo... tenga realmente claro qué es lo que quiere comunicar. Comenzar con un vago "pues sí, pues sí...," da a entender que lo que te va a contar es lo que se le está ocurriendo sobre la marcha. Personalmente suelo prestar más atención si el mensaje empieza por un "he venido observando…" que si es un "se me ha ocurrido…", porque normalmente de la observación pausada surgen ideas más cuajadas que de las ocurrencias. El mensaje general sería: piensa bien las cosas antes de hablar. Quien dice hablar dice, *a fortiori,* escribir, puesto que escribir también precisa tener claras las cosas que uno quiere decir. Incluso me atrevería a decir que para escribir hay que pensar todavía más las cosas, porque así como las voces se las lleva el viento, la palabra escrita es imperecedera. *Quod scripsi scripsi,* que dijo Pilatos a los fariseos: lo escrito, escrito está (Jn 19,22). Elaborar en la mente el mensaje que uno desea transmitir es algo que hacemos con una rapidez automática y a menudo irreflexiva. Sólo cuando intuimos que el mensaje puede tener alguna repercusión "medimos nuestras palabras", buscamos la manera más idónea de decirlo. Pero la mayor parte de nuestras conversaciones discurren con contenidos en los que no sopesamos demasiado lo que estamos diciendo, hablamos espontáneamente de lo que se nos ocurre, según viene a nuestra cabeza. Se diría que es un "hablar por hablar", como algún programa de radio lleva por título. Lo que quizás deberíamos tener en cuenta es que muchas veces ese hablar por hablar puede ser ofensivo para algunas personas. Cada vez con más frecuencia nos descubrimos participando en conversaciones que comenzaron con cosas triviales y continuaron poniendo a caldo a algunas personas —por supuesto ausentes— con comentarios frívolos, vejatorios o calumniosos. Incluso a veces consideramos que eso forma parte del ser social, porque vamos a ver, hacer objeto de críticas a los políticos, o a los famosos (a los que personalmente no conocemos la mayoría de las veces) parece que es algo inherente a la conversación cotidiana. Cuando pienso que nos van a pedir cuenta hasta de la palabra ociosa... me entran escalofríos (cfr. Mt 12, 36).

Además de tener algo que creemos interesante decir, y de haber forjado en nuestra mente la mejor manera de expresarlo, hay que poder emitir el mensaje, generalmente hablado o escrito. En ocasiones la expresión es un mero gesto, de asentimiento, o de desaprobación. Otras veces una determinada conducta, una mueca, es suficientemente elocuente para expresar lo que queremos. Es lo que se llama el lenguaje no verbal, que puede ser el más internacional cuando no tenemos un idioma común en el que expresarnos.

Pero luego viene la decodificación del mensaje: que el receptor reciba la esencia del que lo emitió, que entienda exactamente —y no otra cosa— lo que quería el que lo pronunció. Y éste es un nuevo escollo, la comprensión. Cuántas veces hemos escuchado eso de "¿Qué habrá querido decir?" que queda coleando como eco de una conversación que acabó en términos de supuesto entendimiento mutuo. Igual los tertulianos (basta que sean dos) se han ido de la reunión con la convicción de que todos han entendido lo mismo y sin embargo... la realidad muestra que no es así, cada cual ha entendido lo que ha querido entender, lo que su capacidad de comprensión o sus expectativas le permiten a la hora de descifrar el mensaje. Aquí procede evocar al refranero cuando dice que a buen entendedor pocas palabras bastan. De hecho, son los mensajes largos los que más fácilmente se pueden enredar, o diluir entre la retórica las ideas más importantes que quedarían difuminadas, confusas. Una forma de evitar malentendidos precisamente es no hacer mensajes largos, frases ampulosas. Las órdenes concretas, precisas, sin ambigüedad ni ironía, son las más fáciles de comprender. A los niños, por ejemplo, es sabido que cuando se les empieza a hacer recados... mejor que sea de uno en uno o se aturullan. Algunos, en este sentido, no dejamos nunca de ser niños.

La comunicación, un chispazo desmenuzado, es esencial para el desarrollo de la vida humana. Somos seres sociales y necesitamos comunicarnos. Nuestra felicidad depende de que sepamos comunicarnos correctamente, que comprendamos lo que nos dicen, lo que se espera de nosotros, y que nos sepamos hacer entender, que los demás conozcan nuestros anhelos y necesidades. El ser humano que renuncia a comunicarse con los demás se convierte en un individuo aislado, en un anacoreta. O se busca un dios con quien hablar o nos agenciamos una mascota, pero lo que uno se puede contar a sí mismo ya lo sabe.

Comunicarse es una necesidad del ser humano. Quien no lo logra se frustra. En filosofía, frustración es la permanente insatisfacción de una necesidad. Eso es fuente de infelicidad y genera no pocas visitas a los médicos, como veo a diario. Porque el ser humano frustrado tiende a somatizar, a buscar el origen de sus males en molestias corporales que no aparecen por ningún lado y que sólo están en su cabeza. El cerebro, no en vano, es el órgano perceptor del dolor del cuerpo y también del sufrimiento anímico. Un dolor que no se mitiga con analgésicos…, igual no es somático.

Son tan frecuentes los malentendidos que uno tiende a retraerse socialmente. Una fase de la vida en que esto sucede especialmente es la adolescencia: los adolescentes sufren un torbellino de cambios físicos y emocionales a los que no saben darles la expresión adecuada, no saben cómo elaborar sus mensajes y, cuando a duras penas lo logran, los vierten a una sociedad de adultos que malinterpretan (o eso creen) lo que ellos querían decir, con lo cual el adolescente, a fuerza de varapalos y malentendidos, se acogota en su mundo sin atreverse a sacar la cabeza, como una tortuga oculta en su caparazón. Otras veces es el ambiente llamado de "crispación social" lo que hace que cualquier mensaje que se lance tienda a provocar una respuesta adversa en la sociedad porque tiene los ánimos exaltados. Hay regiones de España, acaso donde más presencia hay de nacionalismos, en las que la crispación social obliga a medir mucho las palabras porque se hieren sensibilidades. La sociedad enrarece su comportamiento que deja de ser abierto y franco, dando lugar a conductas de vida que carecen de autenticidad, se vive en una farsa permanente, en disimulo constante.

Muchas personas sufren un aislamiento social aunque vivan rodeadas de gente. Sea porque no tienen muy claro lo que sienten o quieren decir, o porque no dan con las palabras adecuadas para ello, o porque creen que el ambiente externo es hostil para poder expresarse. Aislamiento por no hablar de la soledad, o del anonimato con el que se vive en las grandes ciudades: no nos damos ni los buenos días.

Las instituciones humanas de cualquier índole necesitan comunicación. El gobierno de un Estado celebra sus consejos de ministros y la vida política la desarrollan los parlamentarios. Las empresas tienen sus reuniones para definir estrategias o corregir errores, para tomar decisiones empresariales de optimización de recursos. La cúpula de Defensa tiene sus reuniones periódicas para analizar los presupuestos o ajustar sus planes, en la paz o en la guerra. Los centros de enseñanza tienen sus claustros, los religiosos sus capítulos, los masones sus tenidas, los médicos sus congresos, los académicos sus reuniones, los gremios sus encuentros profesionales, los jóvenes sus quedadas… ¿y la familia? ¿Cómo discurre la comunicación en el núcleo familiar? De esto hemos de tratar en las páginas siguientes.

Cuando no hay comunicación o cuando el intercambio de información entre las personas se deteriora, es inevitable que el ser humano sufra, al tiempo que se disgrega la institución en la que no se conversa. En las confrontaciones bélicas casi siempre hubo antes una ruptura de las conversaciones, o se produjo un malentendido, quizás no se llegó a un acuerdo porque fracasó la diplomacia o el diálogo. Pero también en los divorcios en el núcleo familiar: sin comunicación las relaciones humanas se enfrían y deterioran. Aquello que debía ser un foro de conversación se vuelve distante, no hay tema de debate. Muchas familias dejan de conversar para escuchar lo que dice la tele. De esa forma convivimos con otros individuos con los que compartimos alojamiento pero de los que cada vez estamos más lejos. Advertir de este deterioro es una de las razones de este escrito. Hay mucho en juego, demasiado. No quiero ser yo quien diga la última palabra pero, tras reflexionar sobre ello, creo que estoy en la obligación de decir alguna.

Éste es un legado para mis hijos. Es el mensaje que no me gustaría irme de este mundo sin habérselo dicho. Como no tengo certeza de cuándo me tocará irme o de si cuando me vaya me quedará alguno pendiente de contarle esto, he pensado que a mis cincuenta y ocho años es bueno que lo deje por escrito para que **al menos no puedan decir que mi padre no me lo dijo**. Hay, como vamos a ver, una barrera generacional, pero eso no exime a los padres de la tarea de educar. Quizás porque esa barrera ha aumentado mucho su altura con la aceleración tecnológica, es más necesario que nunca esforzarse por comunicar de forma asequible y pedagógica. Nos va en ello la subsistencia de la especie… y la salvación de nuestras almas.

2.- Una tarea posible, aunque ardua

Gorgias llevaba hasta el extremo la imposibilidad del ser humano para comunicarse. Era un gran sofista y como todos los sofistas, escéptico. Su fama ha llegado hasta nosotros por sus tres tesis, a saber:

1.- Nada existe.

2.- Si algo existiese, no podríamos conocerlo.

3.- Si pudiésemos conocer algo, no podríamos comunicarlo a otros.

No es el objeto de este libro entrar en profundidad a debatir las tres tesis y sólo pasaré por encima de ellas. Desde luego, si no existe nada, estamos en un mundo de ficción, irreal, en el que cada cual imagina lo que quiere y no hay un terreno común a todos los seres humanos sobre lo que podamos ponernos a dialogar para llegar a un acuerdo. Si no hay una base objetiva y real, común a todos los seres humanos, no tenemos asuntos comunes de los que hablar.

La segunda tesis es la que abre la puerta a lo que en filosofía se llama Gnoseología, teoría del conocimiento, que versa sobre cómo podemos los seres humanos conocer lo que nos rodea. Aquí entraría en juego toda la amplia gama de la subjetividad, esa en la que "nada es verdad ni es mentira, todo es del color del cristal con que se mira".

Pero tampoco es este el motivo de traer a Gorgias a colación. Puesto que nuestro objetivo es hablar de la comunicación, vamos a centrar los esfuerzos en rebatir (o al menos contrastar) la tercera tesis.

Hemos de suponer (petición de principio, se llama en filosofía) que los seres humanos tenemos algo en común acerca de lo que hablar, algo a lo que damos entidad, concedemos que es real, que existe, y que admite diferentes facetas, distintas caras que se nos muestran. La realidad es compleja y de ella se pueden obtener numerosos adjetivos. Y eso sin entrar a hablar de los gustos y preferencias. Un mismo vestido le puede parecer precioso a una mujer y otra considerarlo una horterada.

Vamos a ser más Gorgias que Gorgias con su tercera tesis. Como veíamos en el capítulo anterior, la comunicación está amenazada por numerosos peligros que pueden dar al traste con su éxito. Aceptemos con Gorgias el condicional de su tercera tesis: he llegado a conocer algo. Ahora estoy con algo que he conocido en mi cabeza sin saber qué hacer con ello. ¿Me lo quedo? ¿Lo transmito? ¿Se lo cuento a alguien? Pero, y si lo cuento ¿lo pierdo, me quedo sin ello? ¿Y si el otro no lo aprecia? Vamos, incluso más, ¿y si lo malinterpreta y se ofende? A ver, ¿se lo digo o me lo callo? Todo un dilema. Podemos concretar estas cuestiones aparentemente etéreas en situaciones prácticas: a que se le ha caído la cartera, a que me he enamorado de ella, a que le huelen los sobacos sobremanera, a que me está pisando el pie, o a que me han devuelto de más en la compra.

Gorgias diría que no tengo certeza de que tenga algo que comunicar. Y que, si lo hago, no tengo certeza de que lo sepa expresar de manera acertada. Es más, si lo logro expresar, no tengo forma de verificar que ese mensaje haya llegado a mi interlocutor fielmente y sin alteración ni tergiversación, íntegro. Y, por si fuera poco, aunque el mensaje le haya llegado tal y como yo lo emití, no hay manera de asegurar que lo va a interpretar y descifrar en la misma clave, con el mismo sentido, que yo le di cuando lo elaboré en mi mente. En definitiva, todo un dilema porque comunicarse es necesario para vivir en sociedad, pero comunicarse es imposible, según Gorgias. Precisamente entre las estrategias del mal está pervertir la comunicación, intentar que los seres humanos no se entiendan entre ellos. Es la esencia de la torre de Babel, conseguir la confusión y con ello intentar desestructurar las relaciones humanas, aislar a los individuos, generar caos. Las técnicas modernas de la guerra buscan más alterar las comunicaciones que hacerse con armas de destrucción. De hecho, te puedes hacer con las armas del enemigo si interfieres sus comunicaciones y consigues engañarles para que disparen esas armas sobre sus propias posiciones.

Claro ejemplo de fuente de malentendidos son las traducciones. El dicho italiano "Traduttore, traditore", viene a glosar esta limitación. El traductor, con mala o buena intención, al ejercer su tarea de cambiar el mensaje de un lenguaje a otro, puede alterar la esencia de su contenido, lo que quería decir el que emitió el mensaje. Por eso se habla de traducciones "literales", o traducciones adaptadas. En el primer caso nos puede parecer tan inverosímil a los españoles que a los ingleses les lluevan perros y gatos como a los ingleses que a nosotros nos lluevan cántaros de agua. Imaginemos que tenemos un intérprete ante alguien poderoso que ni conoce nuestro idioma ni nosotros el suyo (ni nadie más hay que sepa ambos lenguajes): nuestra suerte está completamente en su mano porque cualquier cosa que nosotros digamos, incluso halagos o loas, las puede traducir como insultos y enojar al poderoso hasta costarnos la cabeza. Y no tendremos medio de hacerle comprender que el intérprete ha hecho una traducción incorrecta, que ha dicho lo que le ha dado la gana para indisponernos y no lo que nosotros queríamos decir. Vamos, que si consideramos en serio todos estos escollos, no es extraño que algunos opten por estar calladitos. Al cardenal Richelieu se le atribuye la frase de "dadme cinco líneas escritas por el hombre más honrado que encontraré motivos para hacerle ahorcar". Cuántas veces tras una discusión en la que vamos cosechando un malentendido tras otro terminamos por concluir "vale, está bien, pues me callo". Otro ejemplo, es la policía cuando te detiene, la que te advierte de que te calles porque todo lo que digas podrá ser utilizado en tu contra...

A pesar de este panorama, que pensado fríamente parece un desastre anunciado, nos embarcamos en el Titanic de la conversación con la esperanza de llegar a buen puerto, de no naufragar por el camino. Porque de la conversación surge el enriquecimiento personal, el modo por el que el ser humano va incrementando su conocimiento, sus habilidades, donde despliega sus destrezas para la convicción, para la amistad o el amor, para los negocios, para la compasión o la ayuda. En el periplo de la vida, sin duda serán más las ventajas de conversar e intercambiar información que los daños sufridos por haberlo hecho; hay momentos en los que se pone en mayúsculas en nuestra mente eso de que "uno es dueño de sus silencios y esclavo de sus palabras". Y al echar la vista atrás... ¿qué nos pesa más? ¿Haber hablado en exceso, haber dicho cosas de las que nos arrepentimos? ¿O haber callado cuando deberíamos haber hablado? Hay un don de la oportunidad y también los inoportunos encuentran su sitio. Cabe una reflexión sobre lo que debíamos haber dicho o callado.

No debemos callar cuando la necesidad de hablar es una obligación, como cuando tenemos la responsabilidad de educar, o de advertir de un riesgo grave. En estas circunstancias, callar puede ser doloso. En el quehacer médico no es lo mismo dar un consejo que prescribir. La prescripción facultativa es un acto mucho más serio que un mero consejo o recomendación. Los consejos quizás nos los podemos ahorrar pero las prescripciones derivan de una necesidad para la salud del paciente. Por eso, dependiendo de lo que está en juego, a veces el silencio es necesario pero otras veces puede ser legalmente sancionable. No siempre vale la callada por respuesta.

Hablar, comunicarse es una ventaja pero también puede ser una fuente de problemas, de compromisos, de confusiones. Callar, pudiendo y debiendo hablar, también puede traer sus consecuencias. En medio de este dilema hemos de proceder como cuando prescribimos un medicamento: sabemos que las medicinas tienen efectos beneficiosos y efectos secundarios. La decisión de recetarlos se basa en la consideración de que pesan más las ventajas que los inconvenientes, el beneficio que se espera obtener que el perjuicio de los potenciales riesgos que se asumen. Las acciones humanas pueden tener efectos directos y efectos colaterales. Hay todo un debate abierto con ríos de tinta acerca del acto moral del llamado voluntario indirecto, cuando a una acción aparentemente buena se sigue otra no tan buena. Además, podemos obtener un resultado indeseado con una acción aparentemente inocua. En ocasiones, lo que iba a ser una simpática broma deriva en un accidente que acaba costándole un ojo al que le gastaban la broma.

La palabra, la conversación, es una fuente de ayuda. Para ayudar hay que saber ayudar y también es necesario que a quien quieres ayudar se deje ayudar. Esto lo recalco porque, aunque parece obvio, es importante a los efectos que perseguimos en este libro: dejarse ayudar no es sencillo porque somos orgullosos y no queremos "depender" de nada ni de nadie. Nada más falaz que esa aparente autarquía del que presume "yo no dependo de nadie". Sin embargo, para los jóvenes es un acicate hacia la madurez, la emancipación, la búsqueda de autonomía. Autónomo es el que se da las leyes a sí mismo, el que no necesita de jefe. Los que dejan de ser niños y se adentran en la turbulencia de la adolescencia, atisban que al final del túnel está… la emancipación, salir de una vez de ese paraguas familiar que, a la vez que cobija, constriñe, y que parece que impide ser uno mismo (sin saber muy bien qué es eso de ser uno mismo porque no se sabe ni quién es). Los jóvenes, los adolescentes, son el desafío educativo de la sociedad por antonomasia. Se están abriendo a la vida adulta y tienden a rechazar las ayudas porque se creen más mayores de lo que en realidad son. Ven la experiencia que se les brinda como una imposición en lugar de una ayuda. No les vale el "yo ya pasé por eso", porque en el fondo las condiciones actuales son diferentes a las de antes. ¿O no? ¿Acaso no hay una aceleración social que transforma los escenarios en los que se desarrollan los adolescentes? Si había diferencia entre la sociedad de nuestros padres cuando eran adolescentes y cuando lo éramos nosotros, aún mayor es esa diferencia entre nuestra juventud y la de nuestros hijos. En definitiva, el fracaso de la comunicación entre padres e hijos se debe en gran medida a este salto generacional que hace al joven poco dócil para recibir consejos. ¿Qué sabrá mi viejo de lo que me pasa si no se maneja en internet?

El salto generacional se ha dado siempre, y cada vez más acusado por la evolución exponencial de la tecnología. A pesar de los diferentes escenarios, hay un punto que siempre está presente, un clásico encontronazo al que me referiré más adelante como la figura de Darth Vader.

Querer ayudar. Saber ayudar. Dejarse ayudar. La palabra es una herramienta muy útil en este sentido. La palabra es el vehículo del diálogo. El diálogo ayuda a esclarecer los sentimientos por más que en ocasiones haya lugar a malentendidos. Aunque si los hay, también el mismo lenguaje puede ayudar a corregirlos.

Quiero acabar este capítulo haciendo una distinción importante entre mentir y no decir la verdad. Muchos conocerán la diferencia pero como es sutil y tiene su trascendencia la comento. Mentir es decir lo contrario de lo que se piensa con intención de engañar. No decir la verdad puede ser fruto de que quien habla está en un error aunque él crea que no es un error, que está en lo cierto. No está mintiendo: dice algo que cree que es verdad pero no lo es, lo que pasa es que está equivocado. Mucha gente habla con total convicción sin caer en la cuenta de que están equivocados. Y suele suceder que el más equivocado se expresa con mayor vehemencia. Con excesiva simplicidad se puede engañar a las masas creando una corriente de opinión a la que resulta complicado oponerse, sobre todo cuando se ha envenenado la opinión pública con mentiras. De esto se encargan los forjadores de bulos que extreman sus argucias con el uso de la tecnología para elaborar las *deepfake news*, una realidad fabricada por medios digitales que hace creer a la gente cosas que no son ciertas.

Los padres que quieren a sus hijos procuran educarles dándoles los consejos y las enseñanzas que consideran que son ciertas. Mentir nunca es ético. Yo a mis pacientes no les miento nunca: lo que les digo considero que es lo más adecuado para su situación, lo creo en conciencia, no les estoy contando algo diferente a lo que tengo en mi cabeza. No les miento "ni por compasión". Puede suceder que lo que yo diga sea algo que no esté bien ponderado, que me falten datos o conocimientos para dar con la solución más idónea. Puedo estar equivocado: puede ser que quepa una verdad mayor o más útil, que no haya dicho toda la verdad (porque no la conocía), pero no he mentido.

El profesor emérito de lingüística del MIT (Instituto Tecnológico de Massachusetts), Noam Chomsky dijo a la prensa (que lo ha resaltado en titulares) que "la gente ya no cree en los hechos", aunque en la entrevista lo que dice realmente es que "ya no se confía ni en los mismos hechos". Pero básicamente porque vivimos en una sociedad cuyos individuos no contrastan lo que les dicen: se asume como cierto, la noticia falsa pasa de individuo a individuo y no se cuestiona si es cierta o no. Las cosas son como son porque nos las contamos como nos las contamos. Las redes sociales propagan una gran cantidad de información y la gran mayoría son bulos, rumores, calumnias, montajes que entran en la cabeza del que las lee sin poner un filtro, salvo el Día de los Santos Inocentes en el que cree que todo lo que lee ese día en los periódicos es mentira. Se pierde capacidad de crítica para deducir cuestiones elementales, como que una moneda que ponga siglo IV a. C. no puede ser auténtica. Podemos estar viendo manifestaciones de júbilo de un grupo de gente porque ha ganado su equipo de fútbol y simultáneamente el comentarista dice que son festejos por la matanza perpetrada por un grupo terrorista. Como dice graciosamente uno de los muchos chistes que se cuelgan en las redes sociales, al lado de la conocida foto, el texto: "No creas todo lo que leas en internet sólo porque hay una foto con una cita al lado", Abraham Lincoln. Desgraciadamente hay mucha, muchísima gente, cada vez más,

que descuida la más elemental de las normas de pruden-
cia a la hora de forjarse una opinión y sólo se nutre de los
clichés que otros acuñan y propagan. La masa social no
tiene conciencia, pero puede absorber a la de los individuos que la forman. Esto es especialmente lamentable en
una sociedad que alardea de disponer de más información que cualquiera que nos precedió. Porque lo que no se
ha desarrollado a la par es la capacidad de crítica.

3.- Por tiempo limitado

Antes de entrar de lleno en el objetivo de este libro quiero hacer una reflexión acerca de la temporalidad. A los niños hay que educarles desde el principio. Algunos cifran ese principio incluso antes de nacer, poniendo en la barriga de la gestante las sonatas de Bach o grabaciones en idiomas extranjeros para que ya en el útero "vaya cogiendo oído". No sé si tan precozmente se puede estimular el desarrollo de los niños pero tampoco creo que pase demasiado por que empecemos con la educación un poco más tarde. De hecho, los psicólogos lo que más enfatizan es que al niño en su infancia no le falten las caricias y las sonrisas, que no haya gritos, sobresaltos ni, por supuesto, vejaciones o malos tratos.

A menudo tendemos a pensar que en los dos o tres primeros años de vida la educación no tiene demasiada importancia. Los expertos en pedagogía, sin embargo, consideran que es una etapa en la que se pueden originar muchos traumas con repercusión para el desarrollo futuro, incluso sin recurrir a tesis psicoanalíticas freudianas. Crecer los primeros años de vida en un ambiente inseguro, hostil, inestable emocionalmente, contribuye a hacer un individuo retraído y receloso, cuando no asocial. Con todo, que me perdonen los expertos, no creo que lo que suceda en los tres primeros años en el plano afectivo o educacional no pueda ser compensado o reconducido con posterioridad. Desde luego, mucho mejor si no hay que buscar tiritas para las heridas de la primera infancia, pero considero que la plasticidad y capacidad de aprender del ser humano pueden hacer de ese niño una gran persona, un individuo sin taras, sin rencor ni resquemor por un pasado algo traumático, que afortunadamente muchas veces no recuerda o tiene superado.

Empezamos a tener nuestros primeros recuerdos a partir de los tres años. La mayor parte de los niños ya hablan, deambulan, controlan esfínteres... se les puede empezar a contar cuentos y a través de ellos sacar anécdotas y comenzar a enseñar. Hacia los cinco años ya saben que los seres humanos y demás animales vivos se mueren, aunque no entiendan muy bien lo que es eso de morirse. Les contamos las fábulas de los muertos pero no tienen conciencia de la temporalidad. Tampoco lo ven como algo trágico y hacen sus cábalas conforme a lo viejo que ven a cada uno: "primero se muere la abuela, luego el abuelo, luego tú, luego mamá...".

Hacia los seis y siete años empiezan a darse cuenta de qué significa eso de morirse lo cual es fuente de angustias y pesadillas. En la infancia el tiempo transcurre muy lentamente. Decirles que hasta la semana que viene no les das un regalo..., se les antoja una eternidad. Puede que ya antes de los diez años tengan la "vivencia" de una persona, familiar o conocido, que se ha muerto. Entonces empiezan a ponderar lo que eso supone: a esa persona no la van a volver a ver nunca más. Ya no juega en el mundo, se ha ido de la escena y no va a volver. Y profundizando más, llega a la conclusión de que un día la persona a la que los demás no verán será a él. Vamos que también él es mortal. Entonces se preguntan "Y cuando eso llegue ¿dónde voy?".

Por medio de las noticias que salpican la realidad (a menudo a través del televisor), el niño tiene conocimiento de que eso de morirse no necesariamente sigue un orden por razón de edad sino que hay gente joven, incluso niños, que también se mueren. Mezclado esto con el sentido de la justicia, tan arraigado en los jóvenes, surgen los estereotipos que vemos por los velatorios de gente joven: "Esto es injusto". Que todos los humanos nos tenemos que morir es algo que descubrimos en la infancia. Dicen que es "ley de vida". Lo que parece estar "contra natura" es que uno se muera joven, porque la muerte tiene que llegar con los años colmados. Parece lo adecuado, lo correcto, lo justo… pero no lo es: biológicamente todo lo que está vivo está llamado a morir, según su ciclo vital. Le ponemos el adjetivo de injusta a una muerte prematura pero propiamente no es injusta. Porque no hay ninguna justa. Podrá ser más o menos puñetera, inoportuna, dolorosa o con peores consecuencias. Pero la justicia no rige (salvo que hablemos de ajusticiados) para quien debe vivir o morir biológicamente.

A lo largo de la historia, la temporalidad, el hecho de que el ser humano es mortal, ha suscitado numerosas actitudes filosóficas. La resignación, el rechazo, el miedo, el epicureísmo, el vitalismo, la fe, el agnosticismo, el materialismo. Tenemos un tiempo limitado. En

España, la esperanza de vida está en torno a los 30 000 días. Son 30 000 las jornadas de las que disponemos para dejar nuestra huella en este mundo. El mundo es un escenario, un gran teatro que decía aquel gran dramaturgo que fue Pedro Calderón de la Barca, en el que los distintos actores somos llamados a escena en un determinado momento de la obra que es la historia de la Humanidad. Entramos en escena un determinado año, representamos nuestro papel, y hacemos mutis por el foro al morir. La historia puede asignarnos un papel de mayor o menor duración, de mayor o menor protagonismo o relevancia, pero todos pisamos el escenario, desempeñamos nuestro papel. Así como sucede en el teatro, en ocasiones la acción parece que se acelera, cobra vitalidad, brío... todo parece suceder más rápido. En el plano personal también cada uno percibe que en su vida eso es así, que hay momentos que todo parece calmado y anodino y otras veces en las que, por arte de birlibirloque, a uno se le pasa el tiempo volando, en un suspiro.

Dicen que empiezas a hacerte mayor cuando sientes que el tiempo pasa muy deprisa en tu vida. Hasta que no lo percibes, eres joven, más o menos alocado pero sin conciencia de que el tiempo está pasando. Cuando te enfrentas a una carrera universitaria de... ¡seis años! te parece una condena. Luego echas la vista atrás y resulta que ya se han cumplido las bodas de plata de tu promoción y te parece que fue ayer. Pero el tiempo transcurre inexorablemente, tan rápido que ni nos da tiempo para preguntarnos qué es el tiempo.

De todas las definiciones de tiempo que he conocido, la que más me gusta es la de Aristóteles, quien definía el tiempo como la medida del cambio según un antes y un después. Efectivamente, el tiempo tiene sentido desde el momento en que las cosas cambian. El tiempo es esa herramienta que utilizamos para saber lo que ha tardado en producirse un cambio. Si las cosas no cambiasen, el tiempo no tendría sentido. Precisamente esa es la situación de eternidad a la que los seres humanos no estamos nada, pero que nada acostumbrados. A mí, cuando de pequeño me contaron que la eternidad era el tiempo ilimitado y sin fin... sinceramente me parecía un rollo, un aburrimiento. Pero es que los seres humanos necesitamos analogías para entender aquello con lo que no estamos familiarizados. Como vivimos inmersos en el tiempo... para hablarnos de eternidad lo más aproximado sería pensar en el tiempo sin fin, continuado. Al menos así lo explicaban los curas.

Con los años me di cuenta de que el concepto de eternidad es diametralmente opuesto: no es el tiempo ilimitado y sin fin sino el no-tiempo. En la eternidad no hay tiempo porque no hay cambio: las cosas son como son y no necesitan cambiar, no tienen que evolucionar porque no hay cambio posible ni necesidad de que cambie nada, porque en la eternidad las cosas son perfectas y no necesitan moverse para adquirir mayor perfección. Esto que es una abstracción poco inteligible para los humanos inmersos en un cambio permanente, es coherente con lo que dice el ángel en Apocalipsis 10,6 y que empleó en la portada de su libro mi amigo Victoriano Domingo, versado en las profecías de Malaquías. Al final de los tiempos "no habrá más tiempo", porque todo deja de cambiar.

Cierro aquí una digresión filosófica sobre el tiempo y la eternidad que nos llevaría fuera del propósito de este libro. Aunque desafío, a quien le interese, que prolongue este discurso para ver si las reflexiones le llevan a la sorprendente conclusión de que todos nos morimos a la vez... porque todos entramos en la eternidad en el mismo momento.

Volviendo a la percepción de esa falta de homogeneidad de tiempo a medida que pasa, quiero destacar también que la trama de la obra —entendiendo la obra como el conjunto de la historia de la humanidad— se está acelerando de manera exponencial. Igual que sucede en una obra de teatro, es poco probable que el comienzo sea trepidante sino pausado, calmado, donde se van urdiendo las relaciones y tejemanejes para, en un momento dado, comenzar a montarse el barullo y entonces la trama se acelera.

Para tomar verdadera conciencia de lo acelerado que estamos viviendo, basta con leer los primeros párrafos de la introducción al *Dioscórides renovado* que hace magistralmente Pío Font Quer en la que traslada los 500 000 años del hombre sobre la tierra a los 365 días que tiene un año. Cifras tan astronómicas como medio millón de años son para nosotros tan inconcebibles como la eternidad pero un año es un espacio de tiempo que sí lo manejamos. Pues bien, si hacemos equivaler a un año el medio millón de años de nuestra especie sobre la tierra, el ser humano se ha pasado desde el 1 de enero hasta el 26 de diciembre sin grandes avances. Vamos, una obra de teatro aburridísima. Porque según esa analogía comparada del tiempo, hasta el 26 de diciembre no entramos en la Edad de Piedra. Y la tarde de los Santos Inocentes, el 28 de diciembre, ya estamos en el año 2800 antes de Cristo. El siglo XX nos ha pillado sonando los cuartos de las doce campanadas de fin de año y ahora están sonando las últimas. Esta analogía temporal pone ante nuestros ojos todo lo que ha corrido la historia en nuestros días, lo rápido que se está moviendo todo. Es un hecho que constatamos en esta generación, los cambios tan vertiginosos que se están operando en las instituciones, la economía, la política, la sociedad, la tecnología, la medicina... Y esto no es nada comparado con lo que nos aguarda porque la aceleración sigue creciendo (no la velocidad que también, sino la aceleración), y en ritmo exponencial. Es como el movimiento de atracción de un cuerpo espacial hacia un agujero negro.

Cuando nos movemos a gran velocidad pero uniforme, no experimentamos la fuerza de la aceleración que es la que da vértigo. La Tierra se desplaza por su órbita alrededor del Sol a una velocidad superior a 100 000 km por hora. Evidentemente no somos conscientes de la velocidad a la que nos movemos por nuestra órbita, aunque si la Tierra frenase en seco su desplazamiento... no habría cinturón de seguridad que nos amarrase a la superficie terrestre. La sensación de vértigo no la produce la velocidad, si es uniforme, sino los cambios en esa velocidad, aceleración o desaceleración, una sensación tanto más marcada cuanto más brusco sea el cambio.

Esta pequeña glosa sobre la percepción del tiempo viene a propósito en esta obra para añadir un factor adicional que dificulta la comunicación. Si siempre hubo un salto generacional que podía entorpecer el éxito de la comunicación entre padres e hijos, este vertiginoso cambio complica aún más que antaño el entendimiento entre dos generaciones. Es un hecho que hay que tener en cuenta. Antes los padres podían hablar a los hijos de cómo se maneja la hoz, el trillo o una máquina de escribir. Tenían unas referencias comunes. El hijo podía atender o no a las enseñanzas de su padre pero sabía de qué le hablaba. Actualmente el lenguaje y la jerga de padres e hijos tiene universos muy diferentes: hablan lenguajes distintos. Y esto es algo que se va a agudizar más, mucho más. Porque, no lo olvidemos, el objetivo del mal es la desinformación, que no nos entendamos. El demonio siembra confusión.

4.- La herencia de la educación

Estamos de uñas porque el gobierno, en su afán recaudador, busca rebañar en las herencias de nuestros ancestros lastrando con impuestos crecientes. El Estado desea también meter mano en las herencias, eso que deseamos dejar para que lo tengan nuestros descendientes. Cuando los bienes estaban ligados a la tierra, los padres dejaban en herencia una yunta de mulos, aperos de labranza… Luego plumas, relojes, máquinas de escribir o colecciones de sellos. Ahora acciones, euros, oro o bitcoins... Eso en las cuestiones materiales, que reciben su valor según la época. Independientemente de la cuestión económica (siempre duele que te toquen el bolsillo) es hiriente que una institución gubernamental desee apropiarse, en todo o en parte, del legado que quieres dejar a tu descendencia. Los gobiernos cada vez buscan generar más impuestos, más tributos. ¿Es una intromisión inadmisible que hurguen en lo más entrañable? ¿Cómo hacer para impedir esta injerencia? Poco se puede hacer si se tienen bienes y propiedades. El Estado, que se arroga el derecho a la violencia —porque todos condescendemos en dárselo en aras de una mejor convivencia—, desea meter mano y cabeza. Ahora bien, si la herencia que deseas dejar es inmaterial, igual ahí el Estado no tiene fácil entrometerse, acaso porque no se nutre de valores espirituales.

Todos aspiramos a dejar a nuestros descendientes alguna cosilla, un legado... En mi opinión lo más importante que se puede dejar es educación y un buen ejemplo de vida. Un argentino muy simpático decía con su acento característico: "si vos morís y dejás herencia, es un error de cálculo". Según su tesis, hay que producir y ganar simplemente lo que uno necesite para vivir. Porque en el fondo... cada palo que aguante su vela. En los padres suele haber un deseo de dejar algo a los hijos en herencia... aunque eso termine siendo motivo para desavenencias entre hermanos. ¡Cuántas familias se han roto por discusiones en el reparto de la herencia! A mis hijos lo que me gustaría dejarles son medios para que sean buenas personas y honestas. Dotarles de conocimientos y actitudes que les permitan ganarse la vida honradamente, y a través de esa vida puedan ser completamente felices, inmunes a avaricias o envidias. En definitiva, que sean educados.

Volvemos con los escollos de la comunicación. La pregunta que todos los padres se hacen sobre sus hijos y por lo que este libro sería un "superventas" si diera con la contestación: ¿Cómo puedo conseguir que mi hijo me haga caso? Porque si lo tengo que educar, con las limitaciones de la comunicación y las manipulaciones de los medios, del tiempo, del salto generacional, de lo rápido que se mueve esto, de las redes sociales, de la inestabilidad mundial, de las decisiones políticas, de los ahogos económicos... ¿cómo lo hago? Con lo mal que está el ambiente, lo arisco de nuestra escasa relación, el cansancio acumulado de cada jornada... todo son pegas, impedimentos, cortapisas. Una dura tarea en un ambiente desfavorable que ahoga el buen propósito.

Quiero rescatar de la literatura el concepto de "clásico". Una obra recibe el calificativo de clásico cuando por ella no pasa el tiempo. Hay literatura que tiene una vigencia temporal, como sucede en investigación. De hecho, en el plano científico, con los avances de la tecnología... no hay pie para escribir nada clásico salvo que hagamos historia de esa disciplina. Pasamos por los laboratorios, investigamos, encontramos cosas efímeras y dejamos una pequeña aportación en la literatura científica, pero aquello ya está obsoleto al poco de publicarlo. Hay mucho mariposeo en el mundo de la ciencia. Ahora bien, en el plano de la literatura y las humanidades podemos hablar con propiedad de los clásicos, de ese tipo de libros cuya vigencia y actualidad es patente a pesar del paso de los años. Porque por mucho tiempo que pase, las aspiraciones humanas, sus necesidades, sus pasiones y sus temores siempre han sido los mismos en todas las generaciones. Las obras de Shakespeare con sus prototipos humanos, sus virtudes y sus defectos, los discursos de Platón, las obras de ética... todas aluden a algo que persiste en cada ser humano de cualquier época de la historia. Son, como decimos, obras intemporales. Pero no hay que remontarse a escritos de hace siglos para hablar de clásicos: *El Principito* puede ser considerado un gran clásico del siglo XX. Será el paso del tiempo y su vigencia la que le hará ganarse el calificativo de clásico. Las obras que serán consideradas clásicas tienen que resistir el paso del tiempo.

Esta reflexión puede servirnos para acercarnos a la compleja tarea de educar a los hijos: hacerles ver que por mucho desarrollo tecnológico que hayamos adquirido, o por mucho que nos parece que se va mover esto en los próximos años... los seres humanos de todas las épocas han tenido los mismos miedos, aspiraciones, temores y debilidades, que todos han buscado ser felices y que la búsqueda de la felicidad ha estado en diferentes horizontes. Cuando uno se adentra a ver cómo nuestros predecesores afrontaron estos problemas clásicos descubre que... no eran tan ignorantes ni primarios como se nos antojaba porque carecían de internet. El único placer que la tecnología nos ha proporcionado respecto a las generaciones que nos precedieron es... la velocidad. La posibilidad de moverse a grandes distancias en poco tiempo es algo que sin duda maravillaría a Felipe II. Moverse en el espacio y mover las noticias en el espacio a gran velocidad. Tardaron casi dos años en Filipinas en enterarse que el rey había muerto; incluso el rey antes de morir —permítaseme una digresión— convocó un referéndum (no al uso que conocemos) para que los filipinos decidiesen si querían seguir siendo españoles o no. El resultado del referéndum se completó muchos meses después de la muerte del monarca que falleció sin saber que más del 90 % de los preguntados había optado por seguir siendo parte de España. Fin de la digresión.

'Conocer un poco de historia puede ayudarnos a tener los pies bien plantados sobre la tierra que nos sustenta y a la que hemos de volver. Los que nos precedieron pusieron las bases que nos han permitido desarrollar todo lo demás. Bernardo de Chartres decía ya en el siglo XI (o al menos eso nos cuenta su discípulo Juan de Salisbury que decía Bernardo) que si nosotros vemos más lejos es porque somos como enanos que nos movemos sobre los hombros de los gigantes que nos precedieron.

A veces no queda más remedio que contrastar estos deseos de los clásicos con los afanes de felicidad que nos embargan en el siglo XXI: si creemos que la felicidad nos ha de venir de la mano de la tecnología, estaremos en constante alerta para ver qué deriva sigue el desarrollo tecnológico, qué nuevo dispositivo electrónico se pone en el mercado para hacerse con él. Para muchos jóvenes, el horizonte profesional está en hacerse famoso como *youtuber* (ya ni siquiera dando patadas a un balón, que eso de correr cansa) o tener muchos *likes* en las redes sociales o llegar al millar de amigos en su comunidad virtual. Las redes sociales ofrecen un producto fugaz, efímero, rápido. El éxito es la fama virtual.

El desarrollo profesional también es muy evanescente y cambiante: nadie se jubila ya en el trabajo en el que comenzó su vida profesional. La medicina aspira a llenar nuestra vida de años. La tecnología se ofrece para llenar esos años de vida. O por lo menos de entretenimiento. Pero en esta vorágine de desarrollo tecnológico, en diferentes etapas de la vida, se levantan las cuestiones existenciales que han preocupado a todos los individuos a lo largo de la historia. Hay muchas preguntas a las que se han dado más de una respuesta. Quizás no haya respuesta para todas las preguntas, pero conocer hasta dónde han llegado a pensar otros, cuando menos ofrece una idea del alcance de la cavilación humana.

Educar requiere tiempo y diálogo. Nadie da de lo que no tiene. Es evidente que nuestros hijos van a adquirir unos conocimientos tecnológicos a los que nosotros no llegaremos. Muchos conocimientos que consideraba avanzados y se alojaron en mi mente, se han olvidado por falta de uso. Ni siquiera soy capaz de explicar a mis hijos las impecables integrales que hace unas décadas desarrollaba brillantemente en unos apuntes de bachillerato con mi puño y letra. Quizás para la mayoría de los habitantes de la sociedad del futuro sea superfluo saber trigonometría o hacer raíces cuadradas, son saberes innecesarios confinados a las máquinas. Siendo el tiempo una realidad limitada, surge la inquietud de cómo emplear ese recurso de la mejor manera posible. Las cosas que hacemos tienen su importancia en el marco temporal precisamente porque en lo que empleemos el tiempo hoy es algo que no vamos a poder hacer mañana... aunque lo repitamos.

Si lo que hacemos hoy podemos hacerlo igualmente mañana o pasado o un mañana dilatado... (el "procrastinador" por excelencia, *cras* en latín es mañana) entonces no tendría demasiada importancia lo que hacemos: puede ser hecho en cualquier otro momento. Hace más de un siglo que Friedrich von Wieser definió lo que se llama **coste de oportunidad**. En el caso que nos ocupa sería aplicable a lo que dejamos de enseñar a nuestros hijos por estar empleando el tiempo en hacer otra cosa (o en enseñarles otras cosas). Emplear el tiempo en hacer una cosa es dejar de hacer otras: ¿cuál es más rentable? ¿A cuál debo aplicarme más? Parece razonable que los chavales no pongan esfuerzo por aprender a hacer cálculos que los hace una máquina simplemente dando un botón. Pero los profesores de matemáticas o los planes de educación no opinan lo mismo, al menos de momento. Porque en los planes de educación se pedía saberse la lista de los reyes godos y hoy la mayor parte de la gente, salvo los canarios, si oye hablar de godos, cree que godo es una palabra mal escrita a la que le falta la erre.

La educación de un individuo es una tarea que compete a toda la sociedad en la que está integrado ese individuo y a las diferentes instituciones que la forman. Los jóvenes estudian en las instituciones educativas que el gobierno dispone o permite a la iniciativa privada. Asimismo educan los medios de comunicación que también emanan de lo que el gobierno político decide o autoriza. Contribuyen a educar las asociaciones juveniles con diferentes idearios dentro de lo permitido por la legislación, tanto lúdicas, como caritativas, deportivas o religiosas. Pero sobre todo nos educamos en el entorno familiar, donde descubrimos que estamos incardinados tan pronto como tenemos uso de razón, en un país, en una cultura, en una sociedad con unas costumbres que... no hemos elegido, es la que nos ha tocado. Ese núcleo familiar (que tradicionalmente era una pareja de hombre y mujer) es el primer encargado de la educación de los más pequeños. Puede ser una familia natural, una familia de acogida, o una institución de beneficencia porque el pequeño fue abandonado en una inclusa. El Estado tiene una tarea subsidiaria en la educación. Subsidiaria quiere decir que debe proporcionar lo que la iniciativa de otras instituciones menores en tamaño o poder (la familia, la comunidad de vecinos, las asociaciones de particulares, el municipio, etc.) no llegue a cubrir.

Desde hace varios años mantengo conversaciones con diferentes expertos en pedagogía y personas que dicen saber organizar los modelos educativos. Entre este grupo de personas hay comprometidos padres de familia de ideas muy conservadoras y también eruditos más progresistas que consideran que la organización de la educación compete exclusivamente a los políticos con sus leyes educativas. Los extremos de estos modelos educativos irían entre una especie de cultura Amish donde los niños se educan exclusivamente en el estrecho entorno de una cultura familiar conservadora (o ultraconservadora) y los que optarían por que se deje al Estado la educación y crianza de los hijos, como proponía ya Platón en su *República*[2], ya que en el fondo se trata de formar ciudadanos, células sociales que estén cortadas por un patrón homogéneo basado en el positivismo. Los que somos padres... creemos que tenemos derecho a expresar nuestro deseo sobre el modo y manera en que queremos educar a nuestros hijos. Los modelos educativos intervencionistas extremadamente rígidos y sin posibilidad de acción para la familia no son atractivos para traer hijos

2 Nota del Prof. Jordi Morillas. Platón exigía que el Estado educara, en efecto, a los niños, pero era un Estado gobernado por filósofos, no por mediocres, al servicio de los comerciantes. En un Estado semejante, Platón muy probablemente hubiera optado por un modelo más conservador o patriarcal, tipo "Amish".

al mundo. Quizás por eso ya se anda buscando que la tarea de engendrar y procrear... mejor que la realicen las máquinas para que el producto de esa gestación sea propiedad del Estado. Perdón por la ironía pero realmente hay gente que considera que ese es el mejor futuro de la especie humana. Y es probable que no quede otro camino para la supervivencia de la especie que la producción de individuos en laboratorios. Básicamente porque se está observando un dramático aumento de problemas de fertilidad en las parejas: ya no es algo tan hilarante como el uso de los pantalones vaqueros... parece que las ondas electromagnéticas afectan a las espermatogonias, a las células germinales tanto de varón como de mujer, y la tecnología 4G puede estar detrás de ello. Si esto realmente es así, lo veremos de manera terminante y definitiva con la implantación de la tecnología 5G y 6G. Pero ya no habrá vuelta atrás.

Mientras nos quede el derecho a opinar, yo discrepo de quien considera que es el Estado quien debe educar. Educar es un derecho y una obligación de los padres. Es una gran responsabilidad, una grave tarea. Tan grave que cuando te la ponen delante con toda su crudeza se encoge el ánimo porque uno no se ve capaz. Los niños, ni vienen con un pan bajo el brazo ni traen manuales de instrucciones. La responsabilidad de educar un hijo (o varios, que son varias responsabilidades) ocasionalmente es algo que alega el Estado para recordar eso de "responsabilidad civil subsidiaria": que el problema o daño que provoque el niño recae en el padre o responsable del menor. Sin embargo, el Estado que exige que cumplas con tus obligaciones de criar y educar a tus hijos, a la vez que te reconoce la patria potestad, te quita el poder de corregir por la fuerza. ¿Qué poder coercitivo le quedaría al Estado si anula el Derecho Penal? Pero eso es otro negociado para tratar en otro libro y seguro que hay voces más autorizadas que la mía, como la del juez Emilio Calatayud para pronunciarse al respecto. Volvamos a nuestro tema.

5.- Comunicar y educar en tiempo limitado

Vamos uniendo cabos. Tengo un amigo que sólo considera importante lo que escribe en su blog. Desde su perspectiva, todo lo que los demás dicen o divulgan, son cosas que no tienen ningún valor, vamos, meras chorradas, dice. Es incapaz de ver que hay diferentes públicos con distinto nivel formativo y que los temas que se tratan se pueden abordar con una profundidad diferente. Es una opinión quizá algo radical, como cuenta la leyenda (probablemente falsa) del sultán que quemó la biblioteca de Alejandría porque todo lo importante estaba en el Corán y todo lo que no estaba en el Corán era irrelevante o podía ir contra el Corán.

De pequeño me incomodaba cuando oía hablar a personas y no entendía su discurso, aunque percibía que estaba hablando mi idioma. Quizás fruto de ese malestar, me atraían como un desafío, aquellos textos de lectura difícil, de esos que los críticos dicen que es "un lenguaje duro, intrincado... para no iniciados". Y después de digerirlos, si llegaba a entenderlos, intentaba expresar lo mismo de una manera más vulgar y sencilla. Es verdad que algunos autores parece que se esfuerzan por emplear términos que hagan casi imposible la comprensión de su discurso. Personalmente, el único conceptismo que admiro y me gusta es el barroco de Quevedo. Quien desea divulgar (darse al vulgo) ha de desarrollar el modo y la manera de hacerse entender por el mayor número de lectores posibles, ante una audiencia heterogénea. Los autores de filosofía que no se entienden ni con diccionarios ni con opúsculos que desarrollan su pensamiento son poco atractivos. Es cierto que, si finalmente lo llegas a comprender, te puedes maravillar de la profundidad de sus reflexiones. Pero la mayor parte de la gente se aburre porque son muy densos, y ni siquiera hacen el más mínimo esfuerzo por hacerse entender. Ya que hemos mencionado la filosofía, por ejemplo entender a Kant es tremendamente complejo. Su lectura es pesada, farragosa. Resulta mucho más atractivo Nietzsche, el maestro del aforismo, que precisamente con sus frases cortas, sus asertos contundentes, genera más adeptos, por más que quienes los repiten tampoco tengan pleno conocimiento de lo que quería expresar realmente este vitalista.

Creo que es a Einstein a quien atribuyen aquello de que "si no eres capaz de explicarlo para que lo entienda un niño de siete años, es que tú tampoco lo entiendes". Me extraña que la cita sea suya porque casaría mal con esa otra anécdota que dicen que se dio entre el propio Albert Einstein y Charles Chaplin cuando se conocieron hace cien años a la salida del cine. Parece ser que el ilustre físico manifestó su respeto por la obra de Charlot diciéndole: "Es usted admirable, porque sin decir ni una sola palabra en sus películas, le entiende todo el mundo". A lo que Chaplin le respondió: "Más admirado me deja usted, pues todo el mundo le venera y nadie entiende ni una palabra de lo que usted dice".

La pedagogía es el arte de hacer asequible las enseñanzas a las capacidades de aprender del que te escucha, enseñar desde el lado del que aprende. Nunca se sabe en qué manos caerá lo que uno escribe: igual a un lector le parece un texto básico de parvulario y otro lo considera ininteligible, elevado. Cuando me invitan a dar una charla pregunto dos cosas, aparte del tema de la conferencia: duración estimada de la clase (rara vez acepto más de 30 minutos) y tipo de auditorio al que se estima que va dirigido. No es lo mismo el contenido si me piden que hable de SIDA o de pancreatitis a un grupo de *boy scouts* que a biólogos moleculares, que a jueces y magistrados, que a amas de casa o militares. Hay que seleccionar lo que se debe decir según el público al que va dirigido. Y llegado a este punto el lector se preguntará... ¿a qué tipo de público creo que me estoy dirigiendo mientras escribo esto? ¿Acaso un libro no puede llegar a las manos de cualquiera?

Respondo sin ambages: estoy escribiendo esto para mis hijos. Les estoy dedicando el contenido de este libro, les estoy dejando por escrito todo lo que me gustaría decirles y que considero importante como legado, como herencia para su educación. Y puede ser extensivo (en mi deseo) para todos los jóvenes y adolescentes.

Cada uno a lo largo de su vida va desarrollando una forma de enfocar su existencia, un modo de estar en el mundo, una cosmovisión —lo que los alemanes llaman *weltanschauung*—, donde organiza sus prioridades, determina sus objetivos, conforme a lo que para él resulta más esencia en la vida. Cada persona, tan pronto como tiene conocimiento de sus capacidades o habilidades, se marca sus objetivos, sus aspiraciones. No pocas veces esos pasos están dirigidos, en ocasiones con excesivo celo, por los progenitores o por los responsables de la educación. El vástago ha de seguir la tradición familiar, o hay que hacer de él una estrella de fútbol o aprovechar que tiene arte o padrinos para que triunfe en el mundo de espectáculo. Los hijos de reyes llamados a la sucesión reciben una formación protocolaria encaminada a esa finalidad. En algunas ocasiones, ciertamente, parece que queda poco margen para la libertad de elección.

Tan pronto somos conscientes de nuestra realidad finita, empezamos a percibir que el tiempo se nos escapa. ¿Cómo podemos optimizarlo, sacarle el máximo rendimiento? La mayor parte de la gente asume que dispone, como poco, hasta los años que el Instituto Nacional de Estadística estima como esperanza de vida media del país, 82,7 años en España 2017. Según este dato, puedo esperar que aún dispongo de veinticuatro años holgadamente, menos de lo que llevo vivido.

Pero no. No nos engañemos. No necesariamente vamos a llegar a esa edad, porque al ser la media eso quiere decir que algunos la sobrepasan y otros no llegarán. A diario tenemos noticias de personas que fallecen con bastante menos años. Así que la muerte nos puede sorprender antes de lo previsto y sin los deberes hechos, sin los objetivos cumplidos. Incluso en el supuesto de que alguien me pueda garantizar esos veintcuatro años, al menos ocho de ellos me los pasaría durmiendo, descansando (si no con demencia), y casi otros ocho trabajando, con lo cual me quedarían 8 años para hablar con amigos, conocidos... familiares, hijos. Apenas ocho años para compartir y repartir con los seres queridos. ¡Qué importante es saber comunicar y educar en tiempo limitado! En mis últimos trabajos para la televisión he podido comprobar la importancia del tiempo en pantalla: ¡qué riqueza son veinte segundos de tiempo, cuánto se puede decir en esa inmensidad de tiempo! Y con un minuto, te montas un discurso.

Cuando llegan los hijos, cuando surge la obligación de transmitirles idioma, cultura... tus costumbres y tus creencias, te esfuerzas por buscar el modo, la manera y el momento más adecuado para hacerlo. Muchas veces pueden servir de percha precisamente los acontecimientos que salen en la prensa cada día. Noticias de economía, de política, sucesos más o menos luctuosos, pueden servir de punto de arranque para comentar los contenidos más allá de un anodino "¡Ay, madre, cómo está el mundo!". Se puede sacar punta a alguna noticia e iniciar una conversación donde surgen temas de conversación: los porqués de las pateras, los crímenes pasionales o la violencia de género, las guerras, si es que existen las justas, los debates sobre educación, el alcohol al volante, los avances de la medicina o las políticas separatistas. Temas actuales y polémicos.

Cuando surgen opiniones divergentes viene muy bien preguntar a los hijos "¿Y tú a qué crees que se debe esto?" porque enseguida ves qué le ha podido influir para forjarse esa opinión, de dónde le viene la información y también los ejes y directrices con los que va conformando su vida. Se va viendo que los adolescentes son un forjando de alambres entrelazados por argumentos estereotipados que se repiten como estribillo hueco en las redes sociales. Pueden fortalecer sus principios, unos fundamentos que se pueden consolidar o remodelar. Nuestro pensamiento se ha ido desarrollando así: cada etapa de la vida teníamos unos principios, unas creencias o convicciones que, o se han ido cambiando, o se han ido reforzando. En cualquier caso, el paso del tiempo ha ido transformando nuestra forma de pensar y de ver las cosas. Para nuestros hijos eso no será diferente: es más, el recambio de ideas será mucho más rápido que el que se operó en nuestra generación, que ya fue rápido respecto a la anterior. Esto en sí... no es ni bueno ni malo: es lo que es, así ha de ser, porque el cúmulo de entradas, de aferencias al cerebro, va a darse con una cadencia cada vez más rápida. Tan rápida que lo novedoso hoy será obsoleto mañana. La cuestión que se plantea es si en medio de toda esta avalancha de información fugaz... quedará tiempo para pensar, si se verá la necesidad de considerar las cuestiones clásicas que han preocupado al ser humano. Por desgracia, a menudo confundimos educar con enviar a los hijos a numerosas actividades extraescolares.

Un aspecto que desde el punto de vista del educador está en constante revisión es el siguiente. Dado el carácter vertiginoso de los conocimientos, la evolución de la sociedad, ¿debemos seguir con formas de educación clásica o hay que adaptarla al mundo que nos aguarda? Es decir, hoy en el plano de la docencia, parece que no tiene mucho sentido, como apuntábamos antes, aprenderse la lista de los reyes godos de Hispania. De hecho no se lleva mucho eso de memorizar existiendo la información en red más amplia que Wikipedia, igual que no se ejercita el hacer cuentas porque hay calculadoras. Los conocimientos tienden a ser más prácticos. La docencia gira más al desarrollo de actitudes y aptitudes, a la promoción de habilidades sociales, de comunicación, al desarrollo de la empatía que abre más puertas que saber estructuras algebraicas. Todo esto puede ser objeto de discusión sobre las diferentes leyes de educación y los planes docentes, la determinación de los contenidos, los objetivos mínimos que los discentes deben adquirir para pasar de curso. Pero la educación en la familia, en ese núcleo de convivencia donde se adquieren los hábitos de la convivencia, ¿también debe evolucionar en este sentido? El modelo de familia actualmente genera polémica y se ha abierto a numerosas fórmulas y combinaciones, aunque todavía persiste la idea de que la familia es ese reducto donde uno recibe una educación privada, personalizada y propia de esa familia y no de otra. La huella, la impronta que en el cerebro de esa criatura va a dejar el hecho de formar parte de esa familia, le ha de marcar de por vida, para lo bueno y para lo malo.

Restando importancia a ese transcendental hecho de vivir los primeros años incardinado en una familia, lo cierto es que hay muchas formas posibles de salir adelante. No existe una forma única de educar porque cada ser humano tiene unas capacidades y necesidades diferentes.

Tampoco los padres deben agobiarse buscando adquirir "el mejor modo de educar". No existe, no corra tras un fantasma. El manual de educación de su hijo lo tiene que escribir usted.

6.- La soledad radical de la persona

Contrariamente a la idea tradicional de que los hijos son fruto de la generosidad de los padres, hay quien considera que se tienen por egoísmo. Quizás lo dicen porque creen que los padres (entiéndase también madres para los melindrosos abogados del lenguaje inclusivo) ven en los hijos una prolongación de sí mismos. Frente a la concepción clásica de que un progenitor está dispuesto a sacrificar lo que sea por sus vástagos, están los que consideran que, en el fondo, lo que los padres buscan con los hijos es un complemento social. Sería un elemento más del *pack* de triunfador que medra en el trabajo, compra casa y coche, se casa con un cónyuge que es buen partido y tienen la parejita.

Los hijos son vidas independientes. Parece algo evidente, aunque algunos padres tardan en descubrir que es así, cuando al fin los hijos reivindican su autonomía, no sin trauma doméstico. Los hijos son personas distintas de sus padres aunque sin duda su manera de ser vendrá dirigida tanto por su carga genética como por el perfil de educación que reciban. Propiamente no se puede decir que los padres tenemos hijos: los hijos nos han sido dados para que durante su etapa de infancia y adolescencia les criemos y eduquemos. Porque el ser humano no puede salir adelante en los primeros años sin esa ayuda. El dicho popular de que a los padres les debemos la vida, no hace referencia al aspecto meramente procreativo, que también, sino a que necesitamos de alguien que nos cuide en los primeros años. Deber la vida… es deber mucho, porque la vida vale mucho. Pero ningún ser humano tiene derecho a otro ser humano. Sería motivo de debate aquellos derechos que otorgan "propiedad" sobre otros seres humanos. En concreto, el derecho a la adopción o a tener un hijo, que parece tan bien aceptado por la sociedad, estaría en la misma frontera que su opuesto, el derecho a abandonar un hijo o deshacerse de él si ya no agrada o resulta simpático, si estorba… extremo éste que chirría para el sentido común. Aunque a alguno le escandalice, también hay devolución de seres humanos adoptados. Y ¿por qué, si estamos hablando de los hijos como un objeto? Pues precisamente porque los hijos no son objetos, sino personas. En el dislate de la relación entre padres e hijos salta la noticia de aquel que presenta denuncia contra sus padres por haberle traído al mundo sin su permiso. Y pide a la justicia que condene a sus padres a darle pensión vitalicia por daños y perjuicios por venir a este mundo de locos. Si la justicia siquiera admite a trámite tal demanda… estoy por darle la razón: es un mundo de locos.

Intento no perder de vista que esto se lo estoy escribiendo a mis hijos, que quizás algún día serán padres. Lo que pretendo es dotarles de total autonomía, que sepan desenvolverse en la vida por ellos mismos, integrados y cooperando en una sociedad en la que encontrarán muchos otros individuos que no piensen como ellos. Precisamente por esto, porque resulta necesario establecer **un fundamento por el cual los demás deben ser respetados, aunque piensen diferente de nosotros,** siempre que puedo, les llevo a la consideración del concepto de persona. Porque, como veremos, lo respetable son las personas, no todo lo que las personas piensen.

Hay muchas maneras de definir persona. El diccionario de la RAE ofrece unas cuantas acepciones. Y pese a que la Academia se esfuerza en limpiar, fijar y dar esplendor al lenguaje, con frecuencia evita referirse a términos especializados. Son muchas las consideraciones de lo que es una persona desde el punto de vista del Derecho. A menudo las más bellas definiciones son las más simples y por eso yo me quedo con una que es la que me sirve para proseguir este diálogo. **Persona es el único ser superior a su especie.** Considerar que cada individuo vale más que el conjunto, parece ir contra la lógica y el sentido común que dice que el todo es mayor que la parte. Cada individuo… ¿es más valioso que el conjunto de la humanidad? Esto, obviamente, no es aceptado por todo el mundo. Habría mucho campo para debatir sobre esta definición que golpea de inicio la razón. Y no es objeto de este libro argumentar al respecto. Como tampoco todo el mundo está de acuerdo con que el fin no justifica los medios. Es a partir de consideraciones tan rotundas cuando uno se hace a la idea del tipo de respeto que debemos tener hacia nuestros semejantes.

La educación familiar que damos a los hijos depende directamente de axiología de los padres. La axiología es la ciencia que estudia los valores y su jerarquía. De axiología deriva eje, que viene a ser la línea alrededor de la cual gira un cuerpo. Los ejes de nuestra vida, las directrices que nos enseñan (y que asumimos) van a favorecer que nos decantemos por una solución u otra, por una alternativa en la vida o por su opuesta… o por ninguna. Nuestra vida, la de cada uno, padres o hijos, depende de los ejes, los valores que adquiramos en nuestra etapa de formación. Una etapa, por cierto, muy intensa en la juventud y en la adolescencia, pero que no acaba nunca. O sí: acaba cuando empezamos a envejecer. Porque la plasticidad de la vida y el elixir de la eterna juventud está en ser capaz de reconducir los pasos a cada instante, por muy entrado en años que se esté. Quien está aprendiendo continuamente nunca envejece.

Educar a los hijos tiene mil facetas y vertientes. A menudo se trata de confrontar lo que uno considera que debería ser con lo que realmente es, lo que es con el deber ser. Es un experimento divertido con los hijos descubrir la paradoja en la que chocan los principios que intentas transmitirles con lo que ellos te traen de la calle. Así, tras la exposición teórica de lo que uno cree que debería ser, te espetan con pragmatismo eso del "Ya, papá, pero las cosas no son así". Entonces es cuando uno aprovecha para poner cara como de caído del guindo y con un "¿Ah, que no? ¿Pues cómo es entonces?" se les anima a que saquen a su padre de la ignorancia en la que vive… mostrando la suya. Precisamente al contraponer lo que es con lo que debería ser se abre el debate hacia el sentido de la justicia (o de la injusticia), la presencia del mal en el mundo, las pasiones y las virtudes, la consideración de la voluntad, de la libertad humana, del sentido de la vida, y, quizás también, de la trascendencia de nuestras acciones que puede ser algo mucho más profundo que la mera repercusión social.

No se trata de cerrar temas, de zanjarlos. El diálogo es más útil para abrirlos. Sobre todo para mostrar cómo otros autores han respondido a esas preguntas clásicas a lo largo de la historia. Clásicas son, nuevamente, porque por ellas no pasa el tiempo, todos los seres humanos de todas las sociedades se las han planteado. La contemplación de la realidad no está cerrada. Las cosas no son así, y punto. Si acaso ese punto, es punto y seguido. O si la conversación se vuelve tensa, si el diálogo alcanza extremos de beligerancia, un punto y aparte. Pero nunca final, porque la vida se sigue desarrollando.

Imagino que los que tienen a su cargo educar hijos siguen diferentes modelos de educación. Tienen más o menos estructurado en su cabeza qué quieren que sean sus hijos. Partimos de la base de que existe un amor paternal y filial, una relación que marca una estrecha convivencia y que sin duda va a marcar al hijo (para bien o para mal) en su futuro. Los padres que profundizan demasiado en esta convicción… pueden volverse tarumba. "¡Qué grave responsabilidad la mía! ¡Qué consecuencias más serias puede tener esto! ¿Sabré estar a la altura?". En su breve novela "Amor y pedagogía", Miguel de Unamuno lleva hasta la tragedia esta parodia del exceso de cuidado en la educación de los hijos. Los lamentos que pueden parecer tan melodramáticos al inicio de una relación paternofilial, resultan más contundentes ante el fracaso de un proceso educativo donde el niño, ya adulto, se ha malogrado, por violento o antisocial, por retraído o depresivo: "¿En qué me habré equivocado? ¿Qué he hecho mal?".

Existen numerosos manuales escritos por expertos pedagogos para educar a los hijos. Pero son directrices generales y alguna vez pueden aplicarse a casos concretos. Lo que sí me atrevería a destacar como ingredientes que cooperan siempre a una buena educación son el ejemplo y el cariño. También otros factores inciden negativamente y a los manuales de expertos me remito, pero el mejor predicador es fray ejemplo y los hijos tienden a copiar de la conducta de sus padres, pese a que algunos padres se quejan de que sus hijos no los acompañan en su madrugar cotidiano. Y el cariño, o por lo menos que se perciba tal cariño en el fondo y más allá de las discusiones, gritos o exabruptos que emanan del roce de la convivencia. Casi todo el mundo estaría de acuerdo con ejemplo y cariño (aunque habría que aclarar el contenido de esos términos) pero ¿corrección y represión?, ¿austeridad y generosidad?, ¿servicio y entrega?, ¿compromiso y abnegación? ¡Ay, que entramos en virtudes que algunos lectores parecen ávidos de poner su guinda!

En la infancia los niños admiran a sus padres tanto como luego los miran con desdén en la adolescencia. Durante un tiempo fueron sus ídolos, pero al abrirse a la vida descubren que sus padres… son de otra generación. Los padres sufren en esta fase de desafecto al pensar que sus hijos "se les van de las manos" y se preocupan al darse cuenta de que la educación les está llegando por otros cauces que no son ellos. Lo ideal sería que los hijos llegasen a esta etapa de la vida con una axiología aprendida en casa. Unas normas básicas de saber comportarse, unos principios o normas de juego ético, que con frecuencia serán las que han visto y vivido en casa. Frente al mundo que se les abre, contrastarán lo que traen de casa y… surgirá la confrontación. "¿Es como me lo contaban en casa? ¿Me han engañado mis padres?". Conocerán a fulanito o menganita —tú sí que sabes, tío— y leerán autores que están convencidos que sus padres ni conocen, y de los cuales jamás han oído hablar. Ni siquiera tendrán en consideración que sus padres, con más o menos cultura que ellos, también han tenido su etapa de adolescente. Los padres un día fueron adolescentes. Como decía aquel extremista, yo también fui protozoo.

Seguro que sus padres no tuvieron como referente al *youtuber* o *influencer* más *trending topic* del momento actual, el que determina la moda y lo que realmente es valioso y apreciado en nuestros días. Entonces, la vetusta axiología aprendida en casa se tambalea y a veces se desmorona. Los padres dejan de ser una autoridad para los hijos y empiezan a seguir las corrientes contemporáneas, los vaivenes de la moda, el atractivo de lo fugaz y cambiante, las docenas de mensajes del chat, la última moda que es antigua apenas ha salido. Aunque nos cueste reconocerlo, antes también fue así, lo que pasa es que ahora todo sucede a una velocidad mucho más vertiginosa. Las redes sociales ofrecen felicidad fútil y aparentemente gratis, sin que puedas caer en la cuenta de que en internet cuando algo es gratis… el producto eres tú.

A estas alturas de la relación paternofilial ya de poco vale el "yo a tu edad…" porque lo que les digas tiene poco peso: eran otros tiempos, tu experiencia no les sirve. Como poco te sirvió la de tus padres salvo en los valores que están más allá de lo pragmático. Buscarán el consejo de aquella persona que para ellos sea un referente, la llamada persona referencial básica, que será para ellos una autoridad a la que harán caso (incluso aunque les diga lo mismo que se les está diciendo en casa y no escuchan). Los padres nos quieren… pero no siempre hay que hacerles caso. Atender con respeto y educación a padres, mayores y autoridades… pero no siempre el consejo es acertado, como aquella madre que despedía a su hijo, piloto de aviones de combate, con un beso a la vez que le decía con la mejor de sus intenciones y lo más claro de su ignorancia: "hijo, vuela bajito y despacio", lo justo para estrellarse.

A menudo es necesario esperar para ver el fruto de lo que se ha sembrado. Pero tampoco existe garantía de que, habiendo hecho un enorme despliegue pedagógico, los hijos vayan a salir "personas de provecho", que se decía antes. Conocemos casos de padres ejemplares cuyos hijos se vieron envueltos en drogas o delitos. Infausta suerte el Emilio del maestro pedagogo Juan Jacobo Rousseau, que entregó sus cinco hijos a un orfelinato. Y también sabemos de hijos cuyos padres se emborrachaban o los maltrataban y han sabido consolidar una personalidad íntegra y ejemplar. En definitiva, esto muestra que pese a la dedicación de tiempo, de la sabiduría de los padres y sus buenos consejos y ejemplo, de la disponibilidad de medios, por encima de todo está la libertad humana a la hora de forjar lo que uno desea ser el día de mañana. Y en este sentido, el esfuerzo pedagógico ha de ser para fortalecer la voluntad que ayudará a los hijos a saber dar los pasos, sus propios pasos, hacia el futuro.

7.- Muchas formas de educar

Durante muchos años, mis treinta primeros en concreto, nunca pensé que me casaría y tendría hijos. Hacía mis planes de futuro como ratón de biblioteca, comprometido de por vida con la investigación. Echando una vista al pasado, puedo decir que no he acertado casi nunca en mis previsiones. El devenir ha sido siempre mucho más sorprendente de lo que me hubiese atrevido a imaginar. Si cuando acabé la carrera y el doctorado alguien me hubiese dicho que iba a tener diez hijos... cuando ni siquiera tenía novia, evidentemente no le habría dado crédito. Lo mío era leer, investigar, publicar… descubrir cosas nuevas para la ciencia, descubrimientos que iban transformando mi modo de pensar. Había leído, sí, muchos libros, pero el libro que realmente ha cambiado mi vida ha sido el libro de familia, que lleva páginas añadidas a mano.

Cuando se tiene el primer hijo se paga la novatada y esterilizas los biberones antes de cada toma. Y hasta el chupete si se cae. Luego vas relajando las costumbres y la experiencia te muestra que no es imprescindible bañar a diario a los niños. Tienes que buscar un equilibrio entre eso de la paternidad responsable y la roña mantiene al pino. Quizás la falta de tiempo y de recursos te estimula a optimizarlos, aprovechas ropa, comida, juguetes... te enseña a crear juegos, como jugar a reparar cosas estropeadas en casa. Pero la finalidad de este libro no es describir los avatares de la vida cotidiana de una familia numerosa. No tiene justificación lamentarse, habida cuenta de las ingentes ayudas sociales que recibimos las familias numerosas (lo digo, obviamente, con absoluta ironía). Pero sí sería interesante —lo dejo para otra ocasión— el anecdotario escrito de la vida e interacción con una sociedad que tiende al aislamiento egoísta y cada vez menos habituada al barullo. Por cierto, que en la prensa cada vez se está haciendo más referencias a la repercusión que para este país va a tener la caída de la natalidad, la bomba demográfica le llaman. Sin duda el cambio demográfico, la falta de natalidad, va a suponer para muchos países, y sobre todo España, un cambio cultural drástico. Yo me di cuenta hace tiempo y parece inevitable el descalabro. Mi mujer y yo hicimos lo que hemos podido.

Como grupo trashumante, nos hemos movido por varias regiones de España. Mis hijos han estudiado en colegios públicos y concertados, también en autonomías con lenguas oficiales diferentes al castellano. En mi formación académica, yo estudié lo que se llamaba la EGB (Educación General Básica), también Formación Profesional de Electrónica y Bachillerato (el BUP, Bachillerato Unificado Polivalente) al que seguía el COU (Curso de Orientación Universitaria). Luego estudios superiores, dos licenciaturas, el Certificado de Aptitud Pedagógica (CAP), un Doctorado en Biología Celular y tres Másteres y otros títulos de Experto Universitario (cito uno, por lo pintoresco, en "Energía Fotovoltaica"). Todo ello en centros públicos y privados. He impartido clases en colegios, institutos y universidades públicas y privadas, además de dar clase en escuelas de adultos. Este resumen de mi periplo formativo lo aporto para hacer ver que, como discente, docente y padre de diez hijos que han ido por diferentes instituciones educativas por España, supongo que algo de experiencia pedagógica debo haber adquirido. Pues a pesar de todo esto… no me considero experto ni en educación ni en pedagogía. Sin embargo, en ocasiones escucho estupefacto y boquiabierto a los que se erigen como expertos en educación, que hablan *ex cathedra* desde su más profunda ignorancia proponiendo modelos educativos que hacen agua ya desde la teoría. Se cumple aquello del dicho: "sin plumas y cacareando", como frecuentemente vemos a los políticos de turno haciendo el ridículo con sus cambios de modelos educativos que empiezan siempre por LO (Ley Orgánica) y terminan por E (Educación o Educativo) y por medio meten otras siglas trufadas al gusto de una ideología. Mis hijos han sido y son el terreno en el que se ceban sus experimentos pedagógicos, así que en casa tenemos la enfermería a rebosar. Afortunadamente, nada grave que no se solucionase con las tiritas de la conversación. Hasta ahora ha sido relativamente sencillo suplir en casa con cariño las taras que los modelos educativos dejaban en los hijos. Hasta ahora. Pero la cosa se está complicando, porque los planes educativos son cada vez más perversos y está cambiando el concepto de familia. Y esa es una razón más por la que debo dejar esto por escrito.

La educación es algo más que un sistema, una metodología, o una generación de contenidos. La educación, precisamente, se echa en falta en los partidos de fútbol de los hijos o en reuniones de padres de alumnos en los colegios. Yo no es que vaya a muchas, porque sinceramente si tuviese que ir a las supuestamente imprescindibles tres por año que convocan en los colegios por alumno, tendría que sacar un clon de padre porque mi trabajo no me da para dedicar treinta días al año en reuniones de padres de alumnos.

Una vez fui a una reunión por equivocación: la convocatoria decía que la profesora quería "hablarme de mi hijo" en singular, y por ser tan personal acudí. En realidad, era una charla informativa a todos los padres, no sólo a mí, sobre la conveniencia o no de los deberes para casa. Al poco de llegar supe que aquello acabaría como el rosario de la aurora, con ese tema a debate, pero ya que fui me quedé. No abrí boca pero me divertí viendo las opiniones tan variopintas que todo el mundo decía, por supuesto con gran autoridad y con sabiduría contrastada. Especial protagonismo cobró el padre de un alumno que intervino en numerosas ocasiones, e interrumpía a los otros padres o madres que daban su opinión, alegando profundo conocimiento respecto a los proyectos educativos más vanguardistas, desde los finlandeses hasta los de Nueva Zelanda y Australia. Todo un portento aquel hombre.

Al acabar la reunión, después que pusieron a caldo a la profesora por diversos aspectos en los que no estaban de acuerdo con su modelo educativo ni con la línea educativa del instituto, me acerqué a saludarla. Simplemente le dije: "Desde luego, en qué momento se ha metido usted con este tema…". Y ella, que era más joven que yo, me dijo: "Es usted el padre de Miguel Benito, ¿verdad?". Me quedé sorprendido porque realmente en el físico mi hijo y yo no nos parecíamos demasiado, aunque yo a su edad tengo fotos idénticas. Y asentí a la vez que le preguntaba por qué lo había sabido. Me dijo: "Porque ha estado usted callado y atento todo el rato y ahora se ha dirigido a mí de «usted»: sólo lo hacía Miguel. Me costó trabajo conseguir que no me hablase de usted". En la docencia parece que ya no se lleva eso de hablar de usted al profesor (independientemente de que con el tiempo se puede coger confianza y tutearse, que no es ni mucho menos perder el respeto). Corroboré que los profesores dicen que enseñar a los alumnos es complicado hoy en día, pero que con los padres de los alumnos, la cosa es todavía mucho peor. Le dije que el sabio y entendido padre experto en modelos pedagógicos me había parecido un poco cargante. Ella dijo: "Sí, también: pero como el hijo".

De esas ocasiones saco la conclusión de que por encima de los conocimientos que uno aprenda en clase, de cómo los imparta el profesor, de su habilidad pedagógica para hacer agradable o menos atractiva una materia docente, la educación es algo que se trae de casa, es un saber estar en el mundo, una actitud, un comportamiento. Las instituciones docentes, si lo logran, impartirán cultura, conocimientos, pero las actitudes y las aptitudes no son manejables para los profesionales docentes (quizás quede alguno motivado para ello, pero la mayor parte se siente funcionario y punto) y corresponden al ámbito de la familia, del entorno familiar y las amistades con las que se desarrolla el niño.

En el mundo de la educación cada vez se da más importancia a la adquisición de habilidades sociales, de comportamiento, de asertividad, de empatía. Por supuesto que es importante tener conocimientos o incluso revitalizar la denostada memoria (hace años había que aprenderse cosas inútiles "de memoria", como la aludida lista de los reyes godos, que puede consultarse por internet, y se pasó a no memorizar nada y "razonar" todo), pues hay conocimientos que sí viene bien tener en la cabeza, más allá de las alineaciones de los equipos de la *Champions League*. Aprender y memorizar requiere esfuerzo: la tarea pedagógica no está en anular ese esfuerzo sino en optimizarlo y en hacerlo atractivo y rentable, práctico.

En el caso de mis hijos, respecto a los colegios, nunca valoro tanto las notas como el esfuerzo: puede ser más meritorio el aprobado del que ha estudiado que el sobresaliente del que no tuvo que esforzarse. La sociedad, los baremos, siempre van a dar más valor a un 9 que a un 5, porque los números son claros, pero precisamente la educación en casa sirve para hacer comprender en qué circunstancias vale más un 5 que un 9. En mi experiencia he visto que el sistema de evaluación de los conocimientos ha sido más bien decepcionante: el expediente académico no refleja necesariamente lo que uno sabe. En definitiva, lo que la sociedad puntúa, no es lo que vale. Y si nos metemos ya en el ámbito de las oposiciones, entonces todos los que han pasado por ellas me darán la razón, incluso aquellos —si son honestos— que se vieron favorecidos por la veleidad y el capricho del tribunal.

Debido a todos estos lastres educativos de los "expertos docentes" que copan la política, tampoco he dado demasiada importancia a lo que se enseña en los colegios. Hay mucho de propaganda y *marketing* detrás de las ofertas educativas de los centros de enseñanza. Los sistemas podrán ser más o menos completos o racionales, pero el ser humano aprende de otro ser humano. Con frecuencia traslado lo que acontece en la educación a lo que vivo yo en el mundo sanitario. En ocasiones un hospital se arroga un gran prestigio colectivo porque sale muy bien valorado y reconocido como centro asistencial vanguardista. Y desde ese momento, por arte de magia, todos los médicos que trabajan en ese hospital pasan a ser considerados excelentes profesionales, se expande la fama de la institución a cada uno de los que trabajan en ella, como un paraguas que protege a todos por igual. Efectivamente no es así: uno puede encontrar profesionales mediocres (médicos o profesores) trabajando en una institución con buena prensa. Porque en lo que se trabaja es en eso, en dar buena imagen, en camelar a la prensa desde el punto de vista corporativo. Igual en una cadena de montaje de coches, la tarea poco esmerada de uno puede compensarse por la excelente contribución del compañero que supervisa el producto. Pero cuando el objeto de nuestro trato directamente son personas (alumnos o pacientes) el efecto que se sigue de nuestra acción es inmediato, para bien o para mal. Y a veces sin posibilidad de rectificación.

Las instituciones con prestigio suelen contar entre sus filas con profesionales de gran nivel en su tarea. Pero no todos los que trabajan en esas instituciones han de ser trigo limpio. En ocasiones la filosofía empresarial de competitividad que se genera es tan cruel y radical que frustra las aspiraciones nobles de muchos neófitos: en el corral sólo hay sitio para un gallo. Las entidades que se dedican a la investigación bien lo saben, con las guerras intestinas que surgen entre los becarios y doctorandos, una escuela que en ocasiones es la antítesis del compañerismo. Medrar implica trepar pisando a otros y es probable que el que llega arriba haya dejado muchos cadáveres por el camino. Yo dediqué pocos años de mi vida en este terreno, pero enseguida me percaté de esa lucha por sobresalir. Y ahora es peor que entonces, porque ahora es cuestión de supervivencia.

¿Existe esa competitividad tan cruel en todos los ámbitos de la vida? ¿En todas las profesiones hay que ir pisando a los demás si quieres llegar lejos? Tanto si te dedicas a la investigación, a la docencia universitaria, a la vida militar, a la empresa, a las sociedades científicas, al deporte, a las finanzas, a la curia romana, a la actividad política, a los tribunales de justicia... ¿hay que ser agresivo si se quiere ascender, subir en el cargo? Si es así, ¿tienes compañeros o rivales? Se pretende hacer equivalente "ser ambicioso" con "ser agresivo". Es importante reflexionar sobre ello porque es lo que vamos a transmitir a nuestros hijos. Dependiendo del enfoque que demos a lo que nos aguarda en la sociedad, les prepararemos para que vayan con confianza o para que salgan a la vida lanza en ristre y escudo para la defensa. Además hay que "estudiar el entorno": hay quien cae en un sitio donde vuelan los cuchillos, y quizás lo más sensato es inicialmente ponerse a cubierto y analizar si hay posibilidad de cambiar aquel ambiente hostil o acaso sea mejor salir por piernas.

Modos de educar, muchos. Hay que relativizar los modelos docentes. Aprobar las asignaturas según los modelos curriculares actuales no es especialmente complicado porque el nivel de exigencia está a ras del suelo. Lo más importante no es sacar buenas notas, las notas son lo de menos (a mí nadie me ha preguntado nunca acerca de mi expediente académico en mi vida profesional). Lo difícil es aprender a ser buena persona en un mundo cada vez más agresivo y hostil. Aunque el concepto de "buena persona", dado el carácter de gusto estragado de esta sociedad, va a requerir que le dediquemos un nuevo capítulo.

8.- Triunfar en la vida

Las claves del éxito. Ese es el título de cualquier libro que desee llamar la atención de la gente frustrada. Las llaves (que eso son las claves) que abren la puerta hacia el éxito, no importan demasiado si previamente no hemos definido o acordado qué entendemos por éxito. Y curiosamente éxito viene de *exitu*s que en latín significa salida, final. De ahí el rótulo que vemos en las salidas de emergencia: *exit*, salida. Pero la mayor parte de la gente considera el éxito como un triunfo, la consecución de un logro, un objetivo. Al hablar de las claves del éxito lo más importante no es elegir las claves sino pensar un poco lo que para nosotros sería un éxito, es decir, hacia dónde nos lleva esa salida.

Cuando Alicia pregunta en el país de las maravillas al gato sonriente Cheshire qué puerta debe elegir, el gato contesta "eso depende mucho del lugar a donde quieras ir". Esto es lo que le pasa a mucha gente en el siglo XXI: no sabe dónde quiere ir, vaga sin rumbo. Si acaso, se fija metas a corto plazo, da pasos cortos sin emprender la carrera porque no ve más allá de sus narices. La niebla del horizonte hace titubear para embarcarse en grandes proyectos. Ya lo decía Séneca antes que Lewis Carroll: para quien no sabe dónde va no existe viento favorable.

Ni favorable, ni desfavorable, añadiría el más escéptico. Actualmente nos movemos miopes y sordos a golpes de rumores que se propagan por las redes sociales: que ahora la moda dice para acá, pues para acá. Que a renglón seguido dicen que no, que es para allá, pues para allá. Y si mañana la moda es esto, pues esto pero por poco tiempo, acaso instantes, porque enseguida será otra cosa: la moda tiene que ser algo muy feo porque la están cambiando cada dos por tres... ¿Quién controla y dirige las modas? ¿Quién acuña el concepto de éxito?

La reflexión sobre el éxito, sobre lo que para nosotros es triunfar en la vida, es hoy mucho más crucial que encontrar llaves y más llaves. A los jóvenes —y no tan jóvenes— hay que preguntarles: pero tú ¿qué quieres en la vida? ¿A qué aspiras, muñeco? La contestación más popular será: "¡Yo qué sé! ¡Pero si tampoco sabes tú lo que quieres!". Porque la reflexión sobre los objetivos en la vida no es tarea sólo de los jóvenes, sino de todo ser humano. El interés por esta reflexión o, mejor dicho, su versatilidad, guarda relación estrecha con las expectativas de vida de cada uno. Ante los jóvenes se abre en teoría un amplio horizonte de tiempo que deben llenar, numerosos proyectos entre los que deben elegir, itinerarios por los que decantarse. Buscando la mejor opción posible, surge la incertidumbre y con ella el primer encontronazo con la libertad y su otra cara, la responsabilidad. Puedo decantarme por esto o por aquello. Pero esto y aquello son opciones diferentes, a menudo excluyentes, no puedo elegir todo a la vez, y cada elección puede traer unas consecuencias que no soy capaz de atisbar en el horizonte hasta dónde alcanzan. Vaya riesgo. Pues claro, la vida es riesgo, riesgo permanente. Tratando de paliar los temores al riesgo proliferan los agentes de seguros que te aseguran todo, te protegen frente a todos tus miedos: por si te roban, por si tienes un accidente, por si enfermas, por si te arruinas, por si te jubilas, por si se te quema la casa o se te agrieta la piscina, por si se te rompe la *tablet*, por si te mueres… Lo demás no sé, pero esto último sí que es seguro que llega a pasar un buen día, justamente el último.

Los médicos empleamos la palabra *exitus* como muerte: el paciente se ha ido, ha salido por la puerta de la vida. ¿Se ha ido? ¿Pero a dónde? Bueno, de momento digamos del ámbito de nuestra preocupación, ya volveremos sobre ello. Los problemas no los dan los muertos sino los vivos, aunque algunos con aviesos intereses políticos quieran sacar partido de resucitar muertos. La primera vez que lo oyes, el *exitus* del paciente desde el punto de vista médico más bien parece un *fracasus* de la medicina. Como estamos tratando de las claves del éxito, referido a logros o metas en esta vida, hemos de procurar aclarar qué es lo que queremos, cómo vamos a diseñar nuestras estrategias, emplear nuestro tiempo para conseguir lo que deseamos hacer en el futuro. ¿Qué entendemos cada uno que es tener éxito?

Es excepcional que alguien desde joven sepa con claridad lo que quiere hacer y que de hecho se dedique a eso toda su vida. Sobre todo porque los conocimientos que vamos adquiriendo nos van haciendo variar el grado de preferencia de nuestros objetivos. Una rectificación en la vida que suele empezar con el sintagma de la escusa, el dichoso "es que": "es que antes no sabía que esto era así...", "es que ahora me he dado cuenta de que...". Los seres humanos trabajamos con metas cortas, con proyectos a medio plazo. Actualmente, muy pocos son capaces de embarcarse en aventuras a largo plazo y mucho menos para toda la vida. Porque constantemente las condiciones están cambiando. Como no podemos tener todas las variables de nuestra existencia de un plumazo, es necesario que existan momentos de reflexión, de reconsideración de los planes y proyectos previstos. Por ejemplo, he comentado que yo había apostado por dedicar mi vida a la investigación. Pero a los pocos años consideré... que la investigación tal y como está, lo que es y ofrece, no merecía la pena dedicarle una vida. Fue una etapa. Los seres humanos nos desarrollamos por etapas: cerramos unas y abrimos otras. Nos proponemos una meta y luchamos por conseguirla. Y una vez lograda (o no) miramos a otro objetivo, otro paso. Quizás acertemos o quizás sea una decisión equivocada que nos traiga más penuria que dicha, pero en eso consiste el riesgo de vivir: en elegir y en poder equivocarse y en poder rectificar.

Los jóvenes, por su expectativa de vida, tienen un horizonte de vida más amplio. Cabe esperar que se hagan muchos planes y se incomodan cuando tienen que determinarse, elegir uno y excluir los otros. Ahora en el bachillerato, tras la Enseñanza Secundaria Obligatoria (ESO), empiezan con el juego de cara o cruz: ciencias o letras. En mi opinión, tal dilema no debería existir. La cuestión no es si ciencias o letras, sino ciencias Y letras. Es cierto que cada opción abre las puertas más a un tipo de profesión que a otra, pero no nos engañemos: las profesiones del futuro cada vez van a depender menos de lo que uno estudia o cursa sino que estarán en función del desarrollo curricular, los conocimientos y sobre todo las aptitudes que uno haya adquirido, sea por el camino que sea. Puede que para determinadas profesiones como para juez, notario o para médico el camino esté muy definido, pero eso está llamado también a cambiar. Porque el día que se demuestre que un analista de sistemas informáticos o un experto en inteligencia artificial es capaz de encontrar un algoritmo que hace mejores diagnósticos que un médico o que dicta sentencias más acrisoladas y ceñidas al derecho que un juez, es probable que esas profesiones también sean objeto de reconversión. No es tan importante el título que tienes como lo que eres capaz de hacer mejor que los demás. El papel que la inteligencia artificial (IA) va a jugar en el desarrollo de las nuevas profesiones es crucial y merecería un capítulo aparte. Porque si el ser humano se desarrolla como persona en su quehacer profesional, ¿qué repercusión tiene la incorporación de la IA a las tareas humanas? La tercera revolución industrial supuso un cataclismo para muchas profesiones manuales que se vieron desplazadas por las máquinas. Pero la cuarta revolución industrial va a suponer, está suponiendo, una gran crisis en las profesiones intelectuales.

La tarea de elegir no es exclusiva de los jóvenes, por supuesto. Todos estamos eligiendo constantemente, en cosas más o menos triviales o trascendentes. Pero de cara a proyectos a medio plazo o de índole laboral, o profesional, es cierto que las perspectivas con el tiempo se van reduciendo. La especialización, la determinación hacia un sentido excluye otras opciones. Aunque es posible, es poco frecuente que una persona en la sexta década de la vida se matricule en una carrera. Si lo hace será por pasar el rato, no porque con ello pretenda implementar su currículo profesional de cara al mercado laboral, porque podemos decir que su horizonte profesional aparece ya muy reducido. Y los planes de una persona octogenaria no suelen ser a largo plazo. Ningún banco le daría un préstamo teniendo como garantía su salario. Pero, aun así, a cualquier edad todo ser humano tiene a lo largo del día muchos momentos en los que debe optar, elegir.

¿Tiene que ver esto que estamos tratando del éxito con "ser buena persona", que nos quedó pendiente en el capítulo anterior? Para mí sí, y de hecho es una parte importante del legado que quiero hacer a mis hijos a través de este libro. La sociedad cifra el éxito en unos aspectos que difieren de lo que yo entiendo por éxito. Y como la tarea de educar a mis hijos es de mi competencia (también lo fue de mi mujer hasta que Dios la llamó), tengo la grave responsabilidad de advertirles que lo que el mundo hoy considera como éxito en el fondo es un espejismo, un grave error que conduce a un abismo. La puerta que deben escoger…, la debe escoger cada uno, cada cual elegirá su destino ante la mirada sonriente del gato. La tarea de los padres como educadores es procurar explicarles lo que suele haber detrás de cada puerta. No es que lo sepamos a ciencia cierta, no es que hayamos experimentado todos los caminos, y probablemente hay muchos que ignoramos, pero nuestra obligación es documentarnos de lo que suele haber detrás, mostrarlo, exponer pros y contras... y dejar a su elección, es su vida, no la nuestra.

Por grande que haya sido el bagaje cultural o profesional de una persona —yo no me quejo del mío— es evidente que no puedes saberlo todo. No tienes por qué ser el mejor orientador de tu hijo en los planes que quiere para su vida. **En esta vida lo importante no es saberlo todo, sino tener el teléfono del que lo sabe.** Nos apoyamos en nuestra red de amigos y de conocidos para complementar nuestros conocimientos o rellenar las lagunas que tenemos. Acudimos a ellos para que nos den información: "Oye, que mi hijo quiere ser DJ... ¿qué me cuentas del mundo del pinchadiscos?", "Mi hija quiere ser piloto, ¿sabes si en las escuelas de pilotos admiten mujeres?". Y gracias a estos conocidos te enteras de que la misoginia ya está superada, que a los pasajeros de avión les da igual que el piloto sea hombre o mujer. Otras veces te abren los ojos: "Mira, tu hijo es muy buena persona pero con 1,74 cm no le veo yo futuro en la NBA".

Las decisiones que tomamos en la vida pueden afectarnos más o menos en esa tarea global y difusa que es "ser buena persona". No es lo mismo tener que elegir entre varios bares para tomarse una caña, que para elegir una camisa o para elegir pareja. Evidentemente la trascendencia de cada una de estas decisiones es diferente. Como diría C. S. Lewis, todo depende de lo que está en juego. Si de la decisión depende algo que me ha de afectar durante mucho tiempo, la cosa debe ser meditada, reflexionada con calma. Porque una mala decisión en algo trascendente, sí puede dar al traste o dificultar grandemente el objetivo de llegar a ser "una buena persona".

Dará que hablar lo de ser buena persona en otro capítulo. Quiero cerrar éste con la consideración del elixir de la eterna juventud. Cada meta que logramos nos hace viejos. Y la manera de revertir ese efecto es **convertir el mayor número posible de fines en medios**. Cada logro tiene que servir de base para lograr otros: no podemos pararnos en el fin logrado. Entre otras cosas porque aquello que anhelábamos con tanto ahínco, una vez logrado se revela insuficiente. En la medida en la que seamos capaces de proponernos nuevas metas, de no quedarnos satisfecho con lo logrado hasta ese momento, seguiremos siendo eternamente jóvenes. Por eso quien considera su vida colmada por haber superado una oposición y haber conseguido su plaza de funcionario, sin plantearse nuevas metas, cualquiera que deja de tener aspiraciones, ha comenzado a envejecer. Las nuevas metas, los objetivos renovados, nos mantienen jóvenes sobre la tierra.

9.- La importancia de los valores

Los valores son importantes. No hablo de la bolsa de valores ni de las acciones del mercado. El IBEX en 2017 perdió un 15 % de su valor, dicen. Yo me refiero a los valores en el sentido moral, y en este sentido es preferible designarlos como virtudes. Algo que se valora es porque se aprecia, porque se desea tener o se considera un principio que se debe mantener. Hablar de valores referidos al ser humano nos sitúa en un entorno en el que hay que dar pasos con mucha cautela, definir bien lo que entendemos por cada cosa. Es fácil que descubramos que estamos de acuerdo con otra persona, por ejemplo, en la importancia de ser honrado... y poco a poco veamos que lo que otros entienden por honrado no es lo mismo que entendemos nosotros. Aquí sí que me acerco más al escéptico Gorgias. A menudo y para evitar malentendidos, es importante ponerse de acuerdo con el contenido de las palabras que empleamos, con su significado. No vale un "esto para mí significa…". Hemos de procurar movernos en significados comunes.

Si logramos ponernos de acuerdo en definir los valores, el siguiente problema es ponerlos por orden. Analizar la escala de valores, el orden o prelación que cada cual da a los diferentes valores en su vida dice mucho de las personas. Supongamos (y es mucho suponer) que con un grupo de personas nos hemos puesto de acuerdo en esta serie de valores: honradez, sinceridad, generosidad, orden, disciplina, cariño, magnanimidad, puntualidad, diligencia, optimismo. Si dijésemos a cada una de las personas que las enumerase, según su criterio, por orden de importancia, seguramente no obtendríamos dos listas iguales. Cada persona otorga a cada valor una importancia diferente y, en algunos casos, puede considerar que tal valor… no lo sea realmente, e incluso lo considere un "contravalor", un lastre para el triunfo social. Cada persona tiene una jerarquía de valores diferente y de eso trata la Axiología, la teoría de los valores, de los ejes o directrices que van a regir nuestra vida. Son los que van a decir en qué sentido nos vamos a mover si es que somos o queremos ser coherentes con nuestros principios. Siempre cabe la veleidad que tan graciosamente supo exponer Groucho Marx con aquel "éstos son mis principios: si no le gustan, tengo otros".

La coherencia de vida, la integridad del individuo, hace que su actividad o conducta pueda ser predecible. Una persona cuyos principios son firmes y constantes es más fácil aventurar cómo se comportará ante determinadas vicisitudes. Esto, en nuestros días, se considera un punto débil, porque parece que vas dando pistas a los demás del camino que pretendes seguir, con lo cual si quieren ir contra ti saben dónde tienen que ir a poner las trampas. Por eso, la tendencia es hoy en día a deformar la manera de ser, a no mostrarse con transparencia o a ser una persona sin principios definidos. O, si se tienen, no tenerlos demasiado estructurados para que puedan modificarse según por dónde sopla el viento. En la política, por ejemplo, es paradigmático el empleo de la demagogia, decir a la gente, a cada grupo de personas, lo que les gusta oír, lo que están deseosos de escuchar, halagar los oídos. Y dentro de las corrientes políticas, aunque todas son bastante chaqueteras, las de izquierdas son las que de manera más habitual modifican sus postulados y se contradicen a renglón seguido justificando ese cambio, ya que en sí misma la realidad es contradictoria, cambiante, y la dialéctica hace que donde dije digo pueda decir Diego. Desde los postulados más puros del marxismo, la izquierda en política nunca miente, porque la verdad es lo políticamente eficaz, y se dice en cada momento lo que más útil resulte al fin que se persigue.

¿Qué quieres conseguir en la vida? ¿Qué medios estás dispuesto a poner para conseguirlo? ¿Hasta dónde estás dispuesto a comprometer tu vida, tu familia, tu hacienda, tu honra, tu salud, tu patrimonio? Nuevamente, todo depende de lo que consideres que está en juego. Hablar de los valores de una persona o de un colectivo (una familia, una sociedad) es imprescindible para poder acercarse a ese término que parece que voy esquivando, el de ser «buena persona». Si nos movemos, por ejemplo, en el mundo del hampa o de las mafias y dicen de alguien que es un "buen tipo" es fácil que se refieran a que es un sicario eficaz, frío y nada dubitativo, que actúa con profesionalidad y discreción y que no gasta dos balas si con una apaña bien el trabajo. Una "buena persona" en la comunidad de vecinos es el conserje que te da amablemente los buenos días, no manifiesta ninguna opción política ni se sabe de qué equipo de fútbol es seguidor, tiene aseado el portal y la finca y ayuda a los ancianos con las bolsas de la compra, aunque alguno de los vecinos a eso le llame "ser un *pringao*". Una buena persona en la oficina seguramente es el compañero que, lejos de poner zancadillas, se ofrece a echarte una mano cuando se te atasca la tarea y que además no permite que se hable mal de nadie en su presencia, aunque a alguno de los compañeros que no actúan así les parezca un panoli. Con esto a la vista, quizás no siempre sea bueno que nos califiquen de ser "buenas personas", depende el contexto y quién lo diga. Preocúpate si los malos hablan bien de ti.

En el mundo, es cierto, nos movemos mucho por el qué dirán, nos afecta y condiciona en nuestra forma de actuar lo que los demás piensen de nosotros. Comportarse con corrección y como uno es realmente, sin artificios y sin fingir, se llama integridad y hacerlo en todas las situaciones es signo de coherencia. Pero independientemente de que uno tenga una jerarquía de valores, eso no quita que en determinadas circunstancias pueda alterarla, bien por alguna situación especial sobrevenida, bien por miedo o temor, bien por debilidad. Por ejemplo, yo sé que no debo mentir, lo tengo claro en mi jerarquía de valores. Pudiera ser que ante un paciente que me pide su diagnóstico ominoso crudamente yo opte por atenuar el mensaje porque considero que se puede hundir psicológicamente. Igual no le miento pero no le estoy diciendo toda la verdad que él requiere. O puede ser que realmente mienta ante una situación que amenaza mi puesto de trabajo y vea que en esas circunstancias mentir me puede servir para salvar mi nómina de la que vive mi familia. En ambos casos no hay justificación para la mentira, por más que se busquen atenuantes, ya se trate de una mentira piadosa o por salvar mi puesto de trabajo.

Esto que acabo de exponer sé que es muy difícil de aceptar en nuestros días. Lo de "ser buena persona" se ha quedado reducido a "ser considerado por los demás como una persona de éxito". Recuerdo que un día al dejar a uno de mis niños en el colegio, una abuela soltaba a su nieto con una palmada en el culo y alentándole: "Hala Jorge, a ver si te haces tan listo como Mario Conde". Precisamente por entonces Mario Conde publicaba sus memorias en las que justificaba las fechorías por las que le condenaban a prisión. Me hizo pensar que si una abuela que de verdad quiere a su nieto le desea tal suerte... la sociedad anda muy mal en teoría de valores. Es así de crudo: a menudo se envidia la suerte de los corruptos. Se anhela entrar en las redes políticas y sociales donde se puede prevaricar o hacer negocios especuladores, pelotazos inmobiliarios, o fórmulas bancarias que despluman a los incautos ahorradores y pensionistas con acciones preferentes o cláusulas abusivas. El enriquecimiento ilícito fruto del engaño a muchos no les produce rechazo ni genera un sentido de culpa. Al contrario, se considera que es una maniobra artera, habilidosa y sagaz, que, si encima está amparada por el derecho, la jugada ha sido perfecta. Y como el derecho cada vez anda más torcido (la legislación traduce la inmoralidad de los propios legisladores), proliferan los tiburones. Una sociedad que realmente no muestre rechazo ante este tipo de proceder está realmente enferma.

Pero ahí, delante de mis hijos, también estará esa puerta, la posibilidad tentadora de entrar en un grupo especulador, donde pueden conseguir grandes ganancias con poco esfuerzo si ceden sus principios a cambio de un poco de engaño (poca cosa, sólo imagen, le dirán) y además contarán con el apoyo de un pasillo de personas que les aplaudirán y dirán de ellos que son "buenas personas". Si los malos te elogian, preocúpate, decía. Pero ¿malos? ¿Por qué van a ser malos? ¿Acaso porque tienen principios diferentes a los míos? ¿Por qué debo creer que mis principios son mejores? Cada cual tiene los suyos... en el relativismo moral.

El gran paso en lo personal que el ser humano ha dado en los últimos siglos ha sido hacia la autonomía. No en vano, el niño, el adolescente, debe caminar y de hecho camina hacia su autonomía, ha de darse su propia ley (auto-nomos). Eso deseamos los padres, que sea un individuo autónomo, independiente, con su propia personalidad y con capacidad para elegir su puerta, su destino. La emancipación del ser humano de cualquier ley que no sea la que se da a sí mismo, es un momento, un rito de paso, que acontece en cada individuo a lo largo de su vida. De modo análogo a como acontece en el individuo, este fenómeno se ha dado en la humanidad en su conjunto a lo largo de la historia en diferentes etapas: la humanidad se emancipa de los miedos de la mitología, del poder de los astros, de las ataduras del antiguo régimen, de la esclavitud del capitalismo, del pensamiento religioso, de Dios y todos los dioses y supersticiones… Para muchos, la historia del hombre ha sido la lucha por librarse de sus cadenas, por ser libre de ataduras físicas, de constricciones morales. Cuando Nietzsche al fin proclama que Dios ha muerto a manos del superhombre, ya sólo queda el hombre para justificarse a sí mismo. Pero en los albores del siglo XXI, el vitalismo de Nietzsche se ve sujetado por el poder estatal que irrumpe con el miedo para crear cadenas y confinar al género humano al reducto de las ciudades de 15 minutos, al establo donde nos prometen que seremos felices sin tener nada, anulando cualquier deseo de hacerse autónomo y presentando ante la sociedad como enemigos del sistema a quienes intenten serlo.

En el camino individual de emancipación y de adquisición de autonomía siempre hay un punto en el que el niño ya reivindica ser adulto y se enfrenta a su padre. Es la lucha que aparece escenificada en el Episodio V de *La Guerra de las Galaxias* entre Luke Skywalker y Darth Vader que es cuando le revela que es su padre. Seguramente todos podemos recordar algún momento, más o menos precoz, en el que un día desafiamos al poder de nuestro padre. Más que el poder, acaso la autoridad. Ese punto en el que se pasa del "aquí mando yo" a ese "pues ya no mandas tú (por lo menos en mí)". En ese momento, si algo de autoridad queda, es por la virtud de la piedad, una faceta del sentido de la justicia que establece los vínculos de relación entre no iguales, puesto que entre un padre y un hijo nunca habrá una relación de igualdad. Por más que ante la ley ambos sean iguales como personas, un padre y un hijo nunca tendrán una relación de justicia sino de piedad.

Los padres, de manera consciente o inconsciente, procurarán transmitirles a sus hijos su jerarquía de valores. Les dirán lo que creen que es más adecuado para llegar a ser "buenas personas", según la concepción que ellos puedan tener de lo que es una buena persona. Tratarán de que elijan la puerta análoga a la que ellos eligieron (si están satisfechos con su pasado), y digo análoga porque con los rápidos cambios que experimentan las cosas en la sociedad actual, las puertas que se ofrecen ahora nada tienen que ver con las que tuvimos nosotros cuando nos tocó elegir a su edad. Hay más oferta, más variedad, lo cual no quiere decir que por haber más opciones se tenga ni más grado de libertad ni más posibilidades de acertar. Basta con fijarse como anécdota en el elenco de posibilidades de estudios superiores que se ofrece a los jóvenes ahora comparado con las opciones clásicas que teníamos nosotros hace treinta años. Una dispersión tan amplia de oferta cultural que apunta a que nadie tiene claro cuáles serán las profesiones del futuro. Tener acceso a mucha información no garantiza que se esté bien informado, porque el exceso de información es ruido, una señal que distorsiona el mensaje. Los hijos tendrán que elegir, entre todos los modelos posibles, el que para ellos más se asimila a eso de ser buena persona. Serán lo que quieran ser y la sociedad contribuya a que sean. Tanto padres como sociedad cooperarán en este proyecto pero el resultado final es una incógnita y la libertad personal será la tecla que active la elección.

10.- La libre elección

Comunicar, educar, transmitir los valores en un tiempo limitado a unos hijos que han salido de ti, que vivirán en una generación cuyos valores van a ser claramente pragmáticos, utilitaristas. ¿Cómo enfrentar una empresa de este tamaño? ¿Cómo pedirles que sean genuinos sin ser ingenuos? ¿Cómo hacerles ver que merece la pena ser íntegros en un mundo que vira hacia el cinismo, que ha degradado las virtudes clásicas y ha hecho de los vicios lo deseable? Quizás haya que recordar aquello de ser astutos como serpientes y sencillos como palomas (cfr. Mt 10, 16). Porque nuestra sociedad no está por reconocer como valores los que durante siglos se consideraban así. De hecho, en mi opinión, lo más decadente de nuestra sociedad viene precisamente de lo que he llamado la transmutación de los valores: no es que los valores hayan dejado de existir, sino que se les ha cambiado el contenido. Por poner varios ejemplos de estos cambios de paradigma, antes los jóvenes cedían el asiento a las personas mayores o mujeres y hoy eso se puede considerar agresión o violencia machista. Antaño ser infiel a la pareja era motivo de vergüenza y hoy lo que debe avergonzar es no haber tenido aventuras. Antes permanecer en la misma empresa era signo de fidelidad y constancia y hoy denota falta de inquietud, de iniciativa.

La mayor parte de la gente que se encontraba algo que no era suyo lo devolvía y eso hoy ya es excepcional (aunque doy fe de que en ocasiones pasa).

También sucede con los contenidos de las palabras. A mí hay una que me gusta mucho, acaso por la mala prensa que tiene. Es la discriminación. Hoy día, que le acusen a uno de discriminación le hace enrojecer y rápidamente se retracta de lo que haya dicho merecedor de ese adjetivo. Haya dicho lo que haya dicho. Discriminar no es algo negativo, es bueno, muy bueno. De hecho es imprescindible e incluso lo hace hasta el que se rasga las vestiduras cuando te acusa de que discriminas. Pues claro que discrimino, y con orgullo lo llevo, porque discriminar es separar el grano de paja. Viene del verbo griego *krinein* que significa cribar. Distinguir es muy importante, significa que no todo te da igual, denota que prefieres unas cosas a otras. Si eliges un coche, discriminas entre todos los que se te ofertan. Discriminas al elegir un pantalón, o el sitio al que ir de vacaciones. No hay nada de peyorativo en discriminar. Incluso cuando los que la emplean como acusación caen en la cuenta de que no es tan malo, buscan recovecos, añaden matices con la pretendida distinción entre "discriminación positiva" y "discriminación negativa". No, mire, el acto de discriminar se acaba ahí, en distinguir. Y distingues con arreglo a unos criterios (criterio tiene la misma raíz, cribar) y distinguir el oro de la plata no le quita valor a la plata, tan sólo la distingue del oro. Al que no discrimina y le da igual el oro que la plata es que no tiene criterio. Y cuando llevas la conversación a este punto, ve con claridad meridiana que él también hace aquello de lo que te "acusa". Porque discriminar no es nada malo sino al contrario.

Discriminar nos lleva al sentido de la diferencia: las cosas son diferentes unas de otras. De ahí rápidamente se entra al debate de la igualdad de los seres humanos. Mira que trato pacientes en mi consulta y jamás me he encontrado dos pacientes iguales, aunque hayan sido gemelos. A los defensores a ultranza, y ultranza hasta el ridículo, de la igualdad de género les preguntaría: ¿pero dónde han visto que los seres humanos seamos iguales? Si la tarjeta de visita de los que pasan por mi consulta es dejarme caer a la primera aquello de "mire, doctor, es que yo no soy como los demás". En pleno siglo XXI no hay ninguna cosa tan absurda como creer en la igualdad de los seres humanos. ¿Que algunos viven de propagar ese mensaje por ver si cala y se lo creen los ingenuos? Vale, pero compara a ver si la casa donde viven es igual que la tuya. O sus sueldos. O su educación. Vamos, hasta las huellas dactilares son diferentes. Darse cuenta de que somos diferentes es de perogrullo. Y viva la diferencia. ¿Dónde somos iguales? ¿Ante la ley? ¿En derechos? ¿En deberes? Hace falta cortedad mental para no saber leer entre líneas. Precisamente no hace mucho leía las declaraciones de un colega médico, muy acertadas en su conjunto pero, como suele pasar, el titular elegido por el periodista, cargado de fina ironía (deliberada o acaso sin querer). Decía: "La libertad de prescripción del médico está garantizada como la independencia de los jueces". ¡Ay, madre: igual, igual...!

Pero entonces, siendo diferentes, ¿dónde radica la dignidad del ser humano para que creamos ciertamente que es un semejante que merece todo nuestro respeto? Los filóso-fos del derecho, que con cierta periodicidad se reúnen para tratar estos temas, dejan este debate sin respuesta porque es escabroso. Fuera de que lo aceptemos así por consenso, porque nos viene bien a todos decir algo así, que suena tan bonito y fraternal, lo cierto es que no se lo cree nadie. Pero nadie… nadie. O sí. Sólo aquellos que profundizan en el concepto de persona. La persona es objeto del derecho, ya lo decíamos en páginas anteriores. Y me quedaba con la definición escueta de: el único ser superior a su especie. Claro, afirmar que una sola persona vale más que toda la humanidad, hace que no se justifique lo que pasó en Hiroshima y todavía menos lo de Nagasaki, por más que los analistas aleguen que eso acortó el chorreo de muertes en la guerra del Pacífico. Un buen día, una persona, una sola persona, tendrá el poder de destruir a varios millo-nes de personas con sólo apretar un botón. Que lo haga o no dependerá, entre otras cosas, de lo que haya profundi-zado en el concepto de persona. Su sentido más genuino y en donde verdaderamente arraiga su dignidad está en la consideración de la Santísima Trinidad y el concepto de persona. Pero eso es otra historia que, como diría Michael Ende, será contada en otra ocasión.

Si el concepto de persona hace que veamos en los demás un *alter ego*, otro yo (y eso no es plenamente posible sólo desde el plano de la mera filantropía), igual que pode-mos reivindicar y elogiar la diferencia, también podemos ver que otros términos manoseados como responsabi-lidad o solidaridad, que pueden ser verdaderos valores, cobran un sentido diferente. También sirve para aclarar conceptos tan al uso como "tolerancia", "tolerancia cero", "ser intolerante"... Es paradójico: puede quedar tan soberbio empezar un alegato con "¡Esto es intolerable...!" como mal declararse intolerante y, ¿acaso el que grita que esto es intolerable no se está definiendo como intolerante? Ser tolerante no significa que uno esté de acuerdo con lo que se hace o vive: yo puedo tolerar el dolor de muelas que tengo, pero si me lo puedo quitar me lo quito. Puedo ser tolerante con leyes que considero injustas, como la ley del aborto, pero si puedo hacer algo para que se derogue pues daré mi apoyo para ello. Hay cosas con las que hay que aprender a convivir pero eso no significa que no debamos hacer nada por procurar cambiar o modificar esas condiciones.

Lo que da razón de la forma de ser de una persona es su manera de actuar. Así lo dice el adagio latino: *operari sequitur esse*, el obrar sigue al ser. El que es así, actúa así como es. Uno va forjando su conducta según sus convicciones, sus valores, sus creencias. El orden, la jerarquía de esos valores serán la que cada cual se vaya dando o adquiera, o asuma como propios siendo impuestos por otros. Te influirán mucho o poco las opiniones o criterios, argumentos, lecturas, comentarios... Deberá adquirir criterio, aprender a cribar de lo que llega, para decidir cuáles son los valores que desea tener en tu vida. Partiendo de la reflexión de lo que significa ser persona, es más fácil comprender el verdadero sentido de la libertad y de los derechos humanos. También del sentido de la responsabilidad, que va de la mano con la libertad. Decía un conocido que todo el mundo ha oído hablar de la carta de Derechos Humanos (aunque no los conozca) pero está por escribirse la carta de Deberes Humanos.

Probablemente todos esos conceptos que has manejado, ajados y desvaídos, transmitidos por una sociedad decadente que emite clichés huecos y sinsentido cobrarán un lustre diferente si recuperas el verdadero significado de los términos. Verás que tu discriminación nunca es vejación ni ofensa porque la dignidad de la persona está por encima. Comprenderás que eso de que "todas las opiniones son respetables" es otra completa estupidez que la sociedad ecuánime y pastelera propaga sin analizar la majadería tan grande que están diciendo. Si yo opino que a mi coche hay que cambiarle las bujías, el mecánico deberá decirme que estoy diciendo una cosa impropia porque los motores diésel no llevan bujías, y mi opinión en ese sentido es necia. Si alguien opina que hay que vacunar por solidaridad, yo como médico le tengo que decir que es una solemne necedad, lo diga quien lo diga, porque la "solidaridad" no es indicación de ningún tratamiento médico. Hay comentarios que califican a los que los hacen, tonterías supinas, cosas soeces o chabacanas, calumnias, difamaciones o puyas que no, no son respetables las diga quien las diga: son respetables las personas que las dicen (por ser personas) pero no lo que dicen. Hay que aprender a crear esa sensibilidad que nos hace saltar como un muelle en resorte cuando oímos difamaciones o calumnias. Sólo porque vivimos en una sociedad en la que cada vez es más habitual hacerlo ya es suficiente para sospechar que algo raro está pasando.

La información te dará poder de decisión. Pero llegará el momento en que tendrás que decidir, la mayor parte de las veces sin tener todas las garantías de acertar, arriesgando a que la cosa vaya bien o no tan bien. Ahí es donde está la grandeza de la libertad humana... y curiosamente lo que más molesta al ser humano del siglo XXI: **se soporta mal el miedo a la incertidumbre, el temor a equivocarse.** Desde que entró este siglo, en España se lleva aplicando la llamada Ley de Autonomía del Paciente 41/2002 en la que se pretende cambiar la actitud paternalista del médico hacia un papel más activo del paciente a la hora de negociar con el médico los procedimientos diagnósticos o terapéuticos relativos a su salud. Y lo que uno constata es que cuando al paciente se le ofrece poder elegir entre varias alternativas se te queda mirando perplejo con un "¡Anda!, ¿y yo qué sé?, usted sabrá...". La incertidumbre es, desde mi punto de vista, lo que el habitante del planeta del siglo XXI peor negocia. Se diría que en medio de una sociedad tan avanzada tecnológicamente se ha incrementado el miedo a no acertar con la opción correcta... olvidando que la mayor parte de las veces tal opción correcta no existe, es algo que con el paso del tiempo se verá si fue correcta o no.

Cuando en la elección hay poco en juego, la decisión se toma sin darle demasiadas vueltas. Pero si de la elección depende algo gordo... se queda uno paralizado. Hay que pertrecharse, por tanto, de elementos para la reflexión, para documentarse en lo posible sobre los pros y contras de las decisiones que uno tome. No es que haya un tiempo establecido para ello, varía según las circunstancias o la prisa. Por ejemplo, hay poco tiempo para el debate sobre cómo o por dónde abandonar un edificio en llamas. Pero hay otras cuestiones sobre las que es mejor tomar tiempo y perspectiva. Por ejemplo, en las compras. Una de las estrategias comerciales dirigidas a los compradores compulsivos es hacerles ver que aquello es una ocasión, una ganga, que hay que darse prisa por hacerse con ella, porque si no esa oferta se la va a llevar otro antes que tú. De esa forma, viendo la ventaja que supone su compra, no te da tiempo a considerar si te hace falta o no. La miras despacio en casa, piensas que has hecho un gasto innecesario y te consuelas "Bueno, pero estaba de oferta...".

El conocimiento de que existen varias opciones posibles incrementa el grado de libertad en la elección. Pero la proliferación intelectual puede llevar al conocimiento de tantas ofertas que la voluntad no es capaz de determinarse por ninguna de ellas. De manera que el exceso de ofertas paraliza, es el cáncer de la acción. Nuestra sociedad muestra un grado extremo de miedo a elegir por temor a equivocarse, quizás porque no ha considerado lo suficiente que existe posibilidad de rectificación. La rectificación, el saber que uno se ha equivocado, se presenta como un signo ominoso de debilidad. Es excepcional ver en los titulares de noticias o en televisión algún líder que reconozca que se ha equivocado: siempre hay que mantener el orgullo por delante aunque el error haya sido flagrante, clamoroso. No ser capaz de reconocer que estábamos equivocados es un fruto diabólico abonado por la soberbia que impide el arrepentimiento.

11.- Elección o imposición

A veces uno no sabe qué parte de lo que maneja es cosecha propia y qué es herencia recibida. Honestamente, si hacemos balance absoluto, lo que uno tiene es 100% recibido, porque al mundo venimos en pelota. Otra cosa es que lo adquirido haya sido conseguido con mayor o menor esfuerzo personal. Al adquirir esa autonomía, tras superar al padre, crece el orgullo de sentir que uno está dando realmente sus primeros pasos: ya no va donde le quieren llevar sino que va donde él quiere. O eso cree. Inicialmente, al volar del nido, físicamente —o al menos desde el plano de la conducta, porque hay muchos adosados al hogar paterno aun con 40 años—, uno siente que ya no tiene que dar cuentas a nadie de su proceder, sólo a sí mismo. Bueno, muchos han de aprender arteramente a negociar con el derecho civil y el penal que el Estado establece. Porque siendo mayor de edad, las acciones contrarias al Derecho te pueden llevar a la cárcel.

Al crecer aprendes que hay un código de conducta impuesto, unas leyes positivas, un gobierno que las promulga y exige su cumplimento, estés de acuerdo con ellas o no. Porque los ciudadanos hemos delegado en el Estado el derecho a la violencia, de manera que el poder coercitivo, el que obliga a cumplir la ley, es ese Estado en el que todos hemos confiado para que esto no sea una jungla (o al menos no lo parezca). Tú puedes decidir formar parte de esa sociedad o buscarte otra que satisfaga más tus convicciones. O luchar desde la política con las herramientas que el sistema político ofrece para cambiar esas cosas que no te gustan. Yo personalmente no tengo confianza en ningún partido político. Me sucede igual que en el tema de la educación: considero que se puede gobernar de muchas maneras, si bien es cierto que aplico mis criterios y discrimino. Casi siempre lo hago castigando en lo posible al malversador. Y no me vale eso de que todos los partidos políticos malversan: sí pero unos más que otros. Porque incluso el que malversa poco tampoco debería ser de nuestra confianza. El mal menor nunca es un bien.

Si uno decide formar parte de una sociedad, está sujeto a sus leyes de convivencia. De hecho ha de pagar impuestos. Los impuestos se llaman así porque son tributos que uno no da de buena gana sino por imposición legal, son impuestos. El gobierno no educa a los ciudadanos adultos: se les supone ya educados. A los adultos se les "manipula", se les impone leyes, obligaciones y tributos. Si eres adulto y sigues viviendo en casa de tus padres, seguramente percibes que los padres también exigen unas normas de convivencia. Unas normas que puedes acatar o saltarte a la torera generando conflictos de convivencia. Sobre todo si en algún momento dejas de tener presente que la autoridad de tus padres en su casa se debe respetar siempre hasta que pierdan la vida o el uso de razón.

Lo reconozcamos o no, todo lo que tenemos es recibido. Lo cierto es que llena de un cierto orgullo que puede llegar al engreimiento personal— ver que lo que vamos logrando procede de nuestro esfuerzo, de nuestra valía o acaso de un golpe de suerte. Pero nos gusta ver que entre las ofertas que nos hace el mundo, vamos eligiendo libremente nuestro destino. En medio de este despertar al mundo van surgiendo los diferentes objetivos, las metas parciales que cada vez debemos afrontar, en principio, con menor grado de estrés, porque a fuerza de ir eligiendo se va perdiendo el miedo a hacerlo.

Sentirse libre es quizás lo que se lleva con mayor orgullo ("orgullo y satisfacción" que popularizó nuestro anterior monarca). La no sujeción a normas o medidas coercitivas proporciona una sensación feliz que esporádicamente uno puede gozar a lo largo de su vida, aunque con el paso del tiempo vas siendo cada vez más consciente de los condicionantes que te rodean e incluso atenazan. Me gustó entre los mensajes que se envían por la red aquel destinado a los de la quinta década de la vida que decía: "¿Te acuerdas cuando eras joven y deseabas ser mayor para hacer lo que te diera la gana? ¿Qué tal vas con eso...?". Una reflexión hacia el pasado y una pregunta irónica en el presente para ver que la ansiada libertad está en un foco diferente al que se proyectaba. Frente a todas las ataduras que nos van echando, o nos vamos echando, en el transcurso de la vida, surgen reacciones de protesta más o menos furibundas de "ya está bien", "ahora rompo con todo, lo mando todo a la mierda..." que va más allá del grito *hippie* de paren el mundo que yo me bajo. Sería más bien un "a estas alturas, ya pierdo vergüenzas y respetos, me da todo igual". Dime de qué presumes y te diré de qué careces. Una cosa es sentirse libre y otra muy diferente serlo de verdad. No duele tanto que a uno le engañen como descubrir que le han engañado. O sea que hay quien prefiere vivir en un mundo idílico pero engañado, que no me despierten, que no me cuenten la verdad. Nietzsche decía que cada ser humano alcanza la verdad en la medida que tiene capacidad para aceptarla.

Conforme cumplimos años, las obligaciones y los compromisos empiezan a rodearnos. Esas ataduras de las que presumíamos que estábamos libres hacen su aparición y nos van envolviendo de manera sibilina. Que si primero las letras para pagar un coche, que si un crédito para un máster, que si te haces socio de un club (de ajedrez o de alpinismo) o de un gimnasio, que si en el grupo de amistades empieza a despuntar alguien que quizás vaya a ser más que una simple amistad, que si ahora necesito un traje de vestir, esas indumentarias que siempre te parecieron de carcas pero que ahora ves que puede ser necesario en algunas circunstancias como ir a una entrevista de trabajo. Las necesidades que antaño nos parecían absurdas con el paso del tiempo se hacen imprescindibles. Dicen que la lucha por la libertad es una permanente búsqueda de ausencia de necesidades.

Desde postulados conductistas se llega a afirmar que realmente no somos libres, que los condicionamientos sociales son tan fuertes que prácticamente estamos determinados a actuar de una manera concreta y definida, que no hay escapatoria. Como el cazador que va acorralando a su presa, que la deja moverse en un entorno cada vez más limitado haciéndole creer que se mueve libremente por donde quiere, cuando en realidad poco a poco va cerrando las vías de escape y las posibilidades de movimiento cada vez son menores. Hasta que decide presentarse con toda su crudeza ante la víctima para que comprenda que ya es demasiado tarde, que ya no hay escapatoria. Veo pacientes en consulta que padecen, aparte de sus males referidos, al aparato digestivo, muchas manifestaciones de este tipo de angustia y acorralamiento. Resulta de vital importancia comprender que, así como en la segunda década de la vida y sobre todo en la tercera los horizontes de posibilidades parecen infinitos, que se puede correr y volar por cualquier punto del planeta sin limitación, en cuanto se llega a la séptima u octava década ese límite cada vez estará más próximo y las posibilidades de acción se irán reduciendo progresivamente.

Resulta de vital importancia comprender, aceptar y meditar algo tan sencillo como esto, porque la no aceptación de las limitaciones vinculadas a la edad, el envejecimiento y decadencia fisiológica conlleva una fuente de sufrimiento importante en nuestros días. Veo en consulta gente que somatiza mucho sus problemas de índole psíquica derivados de las limitaciones corporales. Están más pendientes de lo que ya no pueden hacer que de aquello de lo que todavía son capaces o que incluso están pendientes de poder desarrollar. Cada cual a lo largo de su vida tiene que elegir en numerosas ocasiones. Voy a centrarme en una decisión que tiene muchas vertientes. La opción de si tener o no tener descendencia.

Leía el titular de un diario que transcribo: "La libertad de no ser madre: «Te miran con pena, como pensando, pobrecita, no habrá podido»". Imagino que la que lo dice no es una monja o persona que ha optado por el celibato. La noticia, al menos en su titular, evoca un poco el desdoro que en las culturas semíticas tenía eso de no tener hijos, como indicador de prosperidad o de las bendiciones del cielo. Hoy día hay muchas personas que desarrollan su vida completamente optando por no tener descendencia, y lo hacen por diferentes motivos o razones personales. Casi nunca es ya, como lo era antaño, un impedimento físico puesto que la ciencia permite todo tipo de combinaciones para procrear: se congelan, vitrifican, ponen, donan, quitan, añaden o suprimen embriones a gusto y voluntad, en úteros propios, alquilados, subrogados... vamos camino de gestar seres humanos en envases que te llevas a casa para verlos crecer como si fuese un kéfir. Personalmente y como médico creo que todos estos cambalaches y combinaciones no le van a salir gratis a esta sociedad. Y, como se apuntaba anteriormente, igual es la única posibilidad de supervivencia de nuestra especie (especie es el conjunto de individuos que son fecundos entre sí) si se confirma la tendencia a la completa esterilidad de nuestra raza. Quizás con la producción en masa de individuos *in vitro* se tenga acceso total al control del crecimiento vegetativo de la sociedad. Actualmente, nuestra sociedad ve cómo la tasa neta de crecimiento de la población es negativa, porque aunque aumente la esperanza de vida, sigue disminuyendo el índice de natalidad. Si el poder político controla la tasa de natalidad con gestaciones *in vitro* y la de defunciones con la eutanasia, la sociedad no estará a expensas de los vaivenes de una pirámide de población. Bajo la excusa de poder programar los servicios futuros, no será necesario el debate de si sobrarán pediatras y faltarán geriatras, si habrá que cerrar colegios y universidades o ir abriendo residencias para personas dependientes o creación de ciudades con *resorts* para jubilados.

Vuelvo al titular de la noticia. Yo respondería a la entrevistada: si crees que te miran por ir sin hijos... no te digo lo que te miran cuando llevas más de tres niños alrededor. Entonces sí que te miran, y dicen. Y a veces hasta te dejan de despachar porque no quieren que entres en su establecimiento con la muchachada. Habría todo un anecdotario para escribir respecto a las experiencias de vacaciones de familias numerosas, en cuestiones de logística, gasto y situaciones divertidas. Porque al fin y al cabo una persona que ha optado libremente y porque le ha dado la gana por no tener hijos, no lleva escrito en la frente un cartel que informe a todo con el que se cruza "No tengo hijos". Nadie, que yo sepa, te mira mal por no llevar niños de la mano. La elección de si tener o no tener (con independencia de que la naturaleza colabore o se recurra a métodos técnicos) es personal. Personal pero vinculante y marca de por vida. Como decíamos más atrás, un hijo no es algo a lo que se tiene derecho porque ninguna persona se merece otra persona. Si se entiende el hijo como el complemento que necesito y merezco para manifestar mi amor, mi cariño, para estabilizar mi vida o darle sentido, entonces se cosifica al ser humano e igual que se quiere cuando se desea, se repudia cuando te cansas de él. Habría mucho que decir acerca de eso que se llama "amor incondicional", o "amor desinteresado", pero no es este el lugar ni la razón de este libro. Tan sólo dejo una frase que muchos han citado como propia o como título de libros (veo más de diez autores que la mencionan sin aclarar si es suya o copian) que dice así. "Quiéreme cuando menos lo merezca porque será cuando más lo necesite".

La elección es, en principio, libre. La imposición es forzosa. Sin embargo, se puede acabar considerando una imposición lo que inicialmente se eligió de forma libre. Y también, uno puede acabar eligiendo libremente lo que empezó siendo una imposición. Esto es más probable que suceda si el que impone es una autoridad y no una mera potestad. La distinción entre *autoritas* y *potestas* también es clásica: una autoridad es aquella persona que sabe de lo que habla, que tiene conocimientos sobre lo que ordena y todo el mundo reconoce con facilidad esa facultad. Con frecuencia decimos: "Es una autoridad en su campo", y con eso queremos decir que cuando abre la boca para pronunciarse todo el mundo escucha con atención, y hasta con reverencia, porque en sus palabras hay verdadera sabiduría y razonamiento sensato. La potestad la ejerce, sin embargo, el individuo al que han puesto en un determinado cargo, se lo merezca o no, esté capacitado para ello o no. Se le ha otorgado el mando, el poder sobre algún aspecto y lo ejerce sepa o no hacerlo con solvencia. De igual modo, también decimos coloquialmente sobre alguien que "el puesto le viene grande" para referirnos a que le han dado una potestad superior a su capacidad de gestión.

Puede suceder que autoridad y potestad converjan... sería una situación ideal, tan ideal como utópica, propia de los gobiernos aristocráticos en el sentido platónico. Porque precisamente la palabra aristocracia es otra de esas que hay que rescatar del vulgo para conocer el origen de su significado. Aristocracia se asocia actualmente a la veleidad y cachondeo de la *jet-set* cuando en su origen significa el gobierno de los mejores. Pronto derivó eso de "los mejores" a "los más favorecidos socialmente", lo nobles y pudientes, dando lugar en realidad a una oligarquía. Pero en su origen los mejores se consideraban los más capacitados para el desempeño de una determinada tarea, los más expertos. Y aquí es donde entra en juego la importancia de la formación. Porque hoy al mando de la política... no vemos a los mejores en cuanto a formación se refiere.

12.- Libertad de elección en casa

Una de las peores esclavitudes deriva de la ignorancia. Desconocer que existen alternativas posibles en una elección determinada, nos priva de poder optar por ellas. Si pretendo buscar una compañera para mi vida sentimental, puedo alegar que necesitaría conocer a toda la población femenina del planeta para no errar en mi elección. Evidentemente, esto no es así, porque además de imposible, aunque fuese posible tampoco eso garantizaría que mi elección va a ser acertada. No obstante, por ridículo que parezca, ha sido uno de los argumentos con frecuencia utilizados ante el Tribunal de la Rota para declarar nulo un matrimonio: es que no conocía a todas. Pero más ridículo resulta que tal argumento haya sido considerado de peso por dicho Tribunal para declarar nulo (que no anular) el compromiso matrimonial.

En el extremo opuesto, situaciones con pocos campos de elección tenemos, por ejemplo, la opción política. Vivimos en un mundo y en un país en el que la miopía de los jóvenes en conocimiento de historia les vuelve muy manipulables. Son pasto de los clichés y los estereotipos que repiten algunos, incapaces de descubrir el engaño y la falacia de los argumentos que se emplean. Para una gran parte de los jóvenes, las opciones políticas en este país se reducen a dos: o eres rojo o eres facha. No hay alternativa. Si no te pronuncias por un lado, te estás declarando del otro. Existen muchos intereses por medio a la hora de polarizar a los jóvenes en uno de estos dos extremos radicales. Algunos que quieren mantenerse lejos de extremos dicen ser de "centro", o centro escorado a derecha o izquierda. Pero como alguno se le ocurra decir al grupo de sus amigos que él opta por la aristocracia, de un puntapié lo mandan a Marbella.

Resulta sorprendente la paradoja de vivir en una sociedad con tanto acceso a información y al mismo tiempo tanto grado de incultura y de superficialidad, de ignorancia. Vivir rodeado de fuentes de información no garantiza en absoluto estar bien informado de igual manera que uno no se hace más sabio por pasear entre las estanterías repletas de libros de la Biblioteca Nacional. El conocimiento no se adquiere por ósmosis... si bien la enculturación (vocablo que adquirimos del idioma inglés) es el aspecto formativo que más mella hace en el desarrollo intelectual de los jóvenes: copiamos de nuestro entorno sin actitud crítica y sin preguntarnos si lo que hace la mayoría es lo correcto o es mejorable. O incluso, si se puede disentir, sin que el disenso sea antisocial. Porque puede suceder que en el ámbito de países que presumen de "democráticos" el que se atreva a pensar de manera diferente se considere un foco de disidencia que debe ser suprimido para garantizar la mejor convivencia del resto: no se tolera que nadie vaya por ahí agitando conciencias anestesiadas. Un discurso distinto al de la mayoría puede perturbar la paz social.

Si queremos educar a nuestros hijos, por supuesto hay que saber hacerles ver lo que hay fuera de casa, en la sociedad, en el mundo, hablarles de lo que ha habido (un poco de historia, visión retrospectiva no viene nada mal) y de lo que puede haber en función de la deriva. Educar se hace con arreglo a unos principios o valores: no existe en absoluto la enseñanza "neutra". Ni en las matemáticas. Cuando los hijos toman conciencia de la importancia de amueblar bien la cabeza para comprender lo que sucede, para integrarse bien en el mundo, el proceso educativo ya deja de ser algo que uno impone para que empiecen a verlo como una necesidad para madurar la voluntad: no son los padres los que tiran sino que ellos son los que empujan, los que toman la iniciativa para pertrechar su cabeza de los conocimientos que les ayuden a solventar los problemas de la vida. Se ha hablado de padres helicóptero, madres bocadillo y demás recursos gráficos que aluden a la sobreprotección que damos a los niños en el aprendizaje. Ese "estar encima" de los hijos vigilando su desarrollo va modificándose con la edad. Resulta bochornoso, como me comentaba un profesor de la universidad, que una madre vaya con su hijo a la revisión de un examen. Así, madre e hijo, pretendían hacer más fuerza ante el profesor para recuperar unas décimas en busca del aprobado.

La dependencia de los hijos de sus padres es total en los recién nacidos. Conforme van adquiriendo habilidades y con el desarrollo, comen solos, no necesitan pañales, luego ya no les bañas porque lo hacen solos, no les acompañas al cole... un buen día dicen que se van (algunos se van, no todos son "adosados"), es ley de vida que los pollos abandonen el nido. Y en ese punto los padres están, si los hijos quieren que sigan estando. El proceso formativo ha culminado: los padres en cuanto padres han concluido su misión y sólo les queda verlos crecer y no darles demasiada guerra. Entonces empiezan a aparecer en la vida de los hijos las reminiscencias de lo que aprendieron en casa y que quizás no sabían que lo habían adquirido. Incluso se sorprenden repitiendo las mismas cosas que odiaban oír a sus padres.

Mientras los hijos están en casa familiar, las reglas de juego y de convivencia son las que ponen sus padres. Esas normas son fáciles de mantener con niños pequeños y empiezan a ser controvertidas a medida que los hijos van creciendo y piden autonomía. ¿Cómo negociar la crisis de la desobediencia? Tampoco existen normas uniformes por más que hay numerosos libros de expertos que aseguran ofrecer las claves para afrontar con éxito estas situaciones. Son problemas que surgen principalmente entre los catorce y los dieciocho años, en la fase de adolescencia, que a menudo se anticipa a los doce o se prolonga hasta los treinta. El despertar de la autonomía debe coexistir con el mantenimiento de la autoridad y el desarrollo de la libertad... y de la responsabilidad. Deben ir comprendiendo que cada elección que hagan tendrá su consecuencia, positiva, neutra o negativa. El progenitor no debe elegir por ellos pero debe transmitirles los conocimientos que considere necesarios para que la decisión sea lo más adecuada posible. Y si la estancia en domicilio paterno se prolonga más allá de lo razonable, deben entender que han de contribuir también al sostenimiento económico de la "pensión". Se supone que respecto a las tareas domésticas deben haber sido entrenados hace tiempo: todos los miembros de una familia deben cooperar en las tareas domésticas en mayor o menor medida. Forma parte del desarrollo del sentido de responsabilidad.

Todo parece claro en la teoría pero pongamos un ejemplo real y veremos el desarrollo. Un padre no quiere que en su casa mientras se come alrededor de la mesa esté el televisor encendido. Considera que la televisión estorba la conversación de los que están a la mesa, que se pierde una buena oportunidad de diálogo familiar, como así es. De hecho los festivos que comen juntos, el televisor está apagado. Pero entre semana no es fácil comer juntos porque los horarios de trabajo son diferentes. No obstante, hay días que el padre llega a comer y los hijos mayores están comiendo en la mesa con cara de embobados mirando a la tele. Ante esta situación el padre puede adoptar varias medidas. Bien puede repetir simplemente (con tono más suave o más contundente, pues es algo que ya los hijos saben) que no le gusta que se coma con el televisor encendido y apagarlo para sentarse a la mesa con los hijos, que le mirarán como un inquisidor prepotente. O bien puede sentarse de espaldas a la tele dejándola encendida y tratar de ignorarla pero sin conseguir que sus hijos desconecten su atención de ella para mantener una conversación. Finalmente opta por dejar caer con suavidad que su criterio es que no se come con el televisor encendido y manifiesta su desagrado yéndose a comer a otra sala, donde el televisor no se ve aunque se oiga lejos. Mientras come solo en la cocina puede estar pensando mil cosas al respecto: si está haciendo dejación de su autoridad, si debería haber alzado la voz y qué consecuencias podría traer eso, si debería haberse quedado en el comedor integrado en lo que estaban viendo los hijos...

Incluso es posible que entre las cavilaciones vaya encontrando alguna que justifique y avale el proceder de los hijos. "Bueno, parece que están viendo una serie histórica... igual algo de historia aprenden con ello", o "es una película en inglés, al menos aprenden mejor ese dichoso idioma". Pero simultáneamente surgen pensamientos en otro sentido: "¡Pero saben de sobra que no me gusta que se coma con la tele puesta!", "creo que se me están subiendo a las barbas, ninguneando mi autoridad, me toman por el pito de un sereno". Los lectores más mayores dirán que "los hijos, aunque no estén de acuerdo, deben respetar la voluntad de los padres". Los lectores más jóvenes opinarán "pues no entiendo por qué no se puede ver la tele mientras se come, no hay nada malo en ello". En definitiva, el asunto está en que hay una diferencia de opiniones frente al significado de ver la tele mientras se come y ante esa diferencia ¿imposición o reflexión?

Es posible que los hijos se queden indiferentes ante la actitud de su padre de irse a comer a otra dependencia. Igual es que prefiere comer allí él solo, o incluso ni se percaten de ello, ya que la televisión absorbe su atención por completo. Hasta es posible que alguno aparezca con su plato para acompañar a su padre y conversar, solidarizándose con la actitud paterna. Si esto pasa…, acaso es porque al acabar la comida el hijo solidario necesite dinero para algún gasto. Entonces no sabes si vino a comer contigo por convicción, por compasión o por necesidad, solidaridad interesada, sospecharíamos. En cualquier caso la negociación de una crisis de estas características ha dado más juego que un para un simple "aquí mando yo y se apaga la tele". En la tarea de educar, cuantas más opciones de actuación se pongan en juego más posibilidades de desarrollo tendremos. Si sólo hay un camino por el que seguir, no hay alternativa ni posibilidad de "elegirla".

La libertad de elección nunca es absoluta, completa. De entrada, uno despierta en el seno de una familia que no ha elegido, es la que le ha tocado. Con unos padres y hermanos (si los hay) que tienen su idiosincrasia personal, sus virtudes y sus limitaciones. A medida que los hijos van desarrollándose descubren las limitaciones de los padres, sus defectos y lagunas. Se vuelven muy críticos con las "injusticias" de las que son objeto por parte de la "autoridad" caprichosa de los padres y no tardan en encontrar fuera de casa y del entorno familiar lo que se denomina **la persona referencial básica**, ese modelo que para ellos es el ejemplo a seguir y cuyas opiniones o reflexiones son aceptadas como las realmente válidas y útiles. El temor de los padres en este punto es que los hijos encuentren como referente una persona desequilibrada o con unos principios morales o una axiología que difiera notablemente de la que se le intentaba enseñar en casa desde pequeño. Ahí es donde surge el choque generacional, porque puede encontrarse que hay una fractura total con el itinerario educativo. Son esos momentos en los que el hijo de una familia tradicional dice que se va a vivir a una comuna *hippie* o que en una familia de raigambre comunista la hija quiere irse a un convento de clausura. Entonces surgen las preguntas de los padres sobre dónde nos hemos equivocado... O maldices las malas compañías o internet que han comido el coco a tus niños. Pero es el juego de la vida y vivir implica estar abierto a todo.

13.- La persona referencial básica

La primera vez que oí esta expresión fue a Roberto Aguado, amigo y gran psicólogo clínico, autor de varios libros y creador del Instituto Europeo de Psicoterapia de Tiempo Limitado. No sé si es de su cuño o prestada pero me gustó el concepto. Seguro que en sus clases os lo explica de manera más amena y, sin embargo, como el objeto de este libro no es la psicología, os diré que la idea que yo saqué de la persona referencial básica es esa persona "a la que uno hace caso". Pero le hace caso porque la admira, la respeta, cree que es un ejemplo a seguir, no por coacción o por conveniencia. Todos tenemos a lo largo de nuestra vida diferentes modelos, ídolos a lo que deseamos imitar a los que nos gustaría parecernos en algún sentido. Y nos gustaría "ser así", o "ver las cosas como las ve esa persona". Quiero llamar la atención sobre un aspecto que es la admiración por la persona, no por el cargo o profesión que ocupa, o por sus posesiones materiales. Muchos desearían ser como una determinada estrella de fútbol, en cuanto que es una estrella de fútbol y gana mucho dinero, lleva un elevado tren de vida o se rodea de lujo o mujeres muy guapas... pero quizás no admiraría a esa persona si fuese un indigente bajo un puente. A la auténtica persona referencial básica se admira y respeta por lo que es, no por lo que tiene.

Según las etapas de la vida, nuestros ídolos van cambiando. Y también nuestras metas y objetivos. Pasamos de desear tener cuerpazos a tener cartera, de tener piel tersa a tener salud, de añorar saber mucho a temer olvidar lo más básico. Cuando se intenta mostrar esa evolución a los hijos, cuya experiencia de la vida es limitada, resulta complicado, porque no se tiene la misma perspectiva de la vida. Con el paso del tiempo se echa la vista atrás y quizás contemples que aquello por lo que tanto te esforzaste no merecía la pena, puede que recuerdes la lucha por conseguir aquello con lo que soñabas... y quizás el sacrificio fue excesivo. En sus memorias el psiquiatra Vallejo Nágera decía arrepentirse de haber estudiado tanto, porque el esfuerzo para sacar un expediente brillante fue tan grande que dejó de hacer otras cosas que quizás le hubiesen gratificado más a cambio de tener un expediente no tan brillante. Y el expediente brillante ¿quién lo recuerda? Un listo más entre los muchos listos que ha habido. Nadie te recordará por tu expediente académico sino por tu forma de ser, por cómo eras.

Trato con muchos pacientes que son padres de adolescentes. Parece que es unánime el desencuentro entre padres e hijos, se rompen los lazos de autoridad, de respeto y tiende a haber un encontronazo entre generaciones, un enfrentamiento tan violento como el de Luke con su padre, espadas de luz en mano. La queja más oída de los padres: "¡Y que no haya quién le haga entrar en razón a esa cabeza hueca!". No, efectivamente, no la hay... en el domicilio familiar. Pero es muy probable que sí que haya alguien, fuera de ese entorno, a quien sí haría caso. Porque **si realmente es cierto que no hay nadie ni dentro ni fuera** de casa a quien haga caso y atienda, entonces el joven está muy, pero que muy perdido.

El dicho popular dice "dime con quién andas y te diré quién eres". Las quejas de los padres de hijos que se malogran casi siempre suelen hacer referencia a la influencia de las "malas compañías". En la vida se aprende de aquello que frecuentas y con lo que te relacionas. En este sentido, el botellón podría decirse que es la escuela de la cirrosis hepática. Cuando los hijos empiezan a tener actividades fuera de casa, encontrarán lo que hay fuera del nido, del entorno familiar, y si el ambiente es promiscuo, o desordenado, o violento, o desobediente, o irresponsable... eso es lo que tenderá a adherirse al carácter y la personalidad del adolescente. No se pueden poner puertas al campo: el mundo está ahí. Desde casa tampoco se puede ocultar porque tienen que conocer lo que hay en el mundo, las opciones que la sociedad ofrece, las posibilidades del destino. Esta apertura al mundo les descubre que hay otras maneras de enfocar la existencia distintas a las que han visto en casa. Empiezan a descubrir situaciones no idílicas, duras, injustas, controvertidas, polémicas, dolorosas... Ante estos contrastes, conviene fomentar el diálogo, en ocasiones iniciándolo a propósito de algún suceso de los que por desgracia ocupan los titulares de periódicos y *realities shows* para procurar extraer de ellos alguna moraleja, alguna reflexión provechosa que ayude a comprender lo bajo que pueden caer los seres humanos cuando no saben serlo.

A través de los sucesos, superando el mero morbo de comentar lo desagradable de las noticias, podemos mostrar el lado positivo de la vida, lo que significa saber comportarse, tomar precauciones, verlas venir, apreciar la bondad donde la haya, por escondida que esté, ayudar a descubrir la dignidad y grandeza del ser humano, capaz de grandes vilezas y fechorías pero también de actitudes ejemplares y heroicas. Ayudarles a comprender el sentido de la justicia humana que, por definición, es imperfecta, lo que significa solidaridad, apreciar la diferencia, comparar las aspiraciones y objetivos que las personas se marcan en la vida, qué quieren o persiguen... y a través de estos diálogos, que se lleguen a preguntar "¿Y yo, qué quiero, a qué aspiro en la vida?".

Sería un buen comienzo para que los jóvenes perfilen su destino. Mostrar las puertas que pueden elegir, pero sin elegir por ellos: procurar mostrar los pros y los contras de cada una de las elecciones posibles. Algunos padres, lo veo ocasionalmente, no dan muchas alternativas a los hijos: existe una tradición familiar y... por aquí. Los hijos la pueden asumir por convicción personal o por imposición. Y esto no sólo pasa en las familias con tradición militar o con una empresa familiar. Mismamente, también en la familia real.

Un apunte para desmarcarme del eclecticismo: no todas las puertas que se muestren a los hijos tienen por qué tener el mismo tamaño, es decir, hay que mostrar que no tiene el mismo futuro optar por ser futbolista que por ser farmacéutico, por ser profesor o por ser misionero. Los horizontes de cada camino son muy diversos en el tiempo y en el contenido. Si tu hija te dice que le atrae irse a una comuna *hippie*, quizás en lugar del rechazo frontal y horrorizado ante esa decisión sea más eficaz mostrar la puerta pequeñita, un camino con un recorrido escaso y corta proyección. No sólo por intentar quitarle esa idea de la cabeza o que reconsidere su decisión, sino porque realmente así es: no da para mucho. Puede servir analizar las vidas de los que tiraron por esa vía y evaluar dónde les condujo. Aunque a veces deberíamos mirar el ejemplo de los demás y aprovechar eso de escarmentar en cabeza ajena, con frecuencia no nos sirve conocer que otros se estrellaron yendo por ese camino.

Si nos abrimos al diálogo con ellos, o si conseguimos que ellos se abran —tirando como digo yo, de las pedradas de los sucesos—, para lo cual siempre hay que dedicar tiempo (itero: hay que dedicar tiempo), iremos viendo si seguimos siendo para nuestros hijos la persona referencial básica o si, por el contrario y como suele suceder tarde o temprano, otra persona ha ocupado ese puesto.

Sabedores los padres de que un buen día (que llega antes de lo que uno piensa) los hijos hacen más caso a otras personas que a ellos, hacen bien tratando de averiguar algo acerca de las compañías o lugares que frecuentan. De ahí se van a nutrir los hijos. La tecnología ha propiciado que las relaciones personales se desarrollen más en el espacio virtual de las redes sociales que en el trato físico con otras personas: antes quedábamos para charlar con los amigos en algún punto de la ciudad o del pueblo. Ahora mantenemos chats y conversaciones en foros de internet con individuos que no conocemos a miles de kilómetros... y que en breve serán incluso máquinas nutridas por la inteligencia artificial (IA). Los *coachers* del futuro... ¿serán robots?

El aprendizaje fuera de casa enriquece y completa la formación, es una fase que llega inexorablemente. Aprendes a tratar con otros que no son de tu familia, que han recibido una educación diferente. Los hijos se llenan de contrastes al comprender, como decíamos, que existen muchos modos de organizar la vida más allá de lo que aprendieron en casa. Hay quien opta por continuar estudios, otros por dejarlos ya que no se le dan bien y prefiere trabajar en un taller o fábrica, otros se hacen aventureros, otros se dedican al comercio... También descubren que no todas las personas han recibido la misma educación o trato durante su infancia. Ven algunos que han crecido en la abundancia y otros que inmigraron en patera, algunos que proceden de familias desestructuradas o que no conocieron a sus padres. Descubren que las cartas que cada cual ha recibido en esta partida de la vida se han repartido con suerte muy diferente. De estos hallazgos se puede sacar oportunidad para que comprendan que, con la herencia que algunos han recibido, es lógico que su discurso racional sea limitado o no dé para más. El carácter de unas personas que ha sufrido abusos tiende a ser más apocado o retraído, más tímido o asocial... cuando no rebrota en sentido inverso y se vuelve agresivo y antisocial porque siente que el mundo ha sido muy injusto con él.

En definitiva, el trato con personas de fuera de la familia abren los ojos a la variabilidad y la diversidad. Pero también a la compresión y al arte de convivir con semejantes que pueden pensar de manera muy diferente a nosotros. La casa es el lugar donde vuelven a reposar una y otra vez —playa o acantilado— como el agua, los conceptos que chocan; donde se debate sobre ellos. En casa descubren por ejemplo, que cretino es un insulto que deriva de una enfermedad que es el cretinismo, y que no está bien burlarse de los enfermos. Aprende que vivir en la inopia no es estar despistado como la gente cree, sino en la pobreza, y que no hay peor indigencia que la pobreza intelectual. En la familia se acrisolan los conceptos de discriminación como virtud y no como algo peyorativo, instando a la importancia de formarse un buen criterio. Se considera que el respeto a la persona es algo que se le debe aunque piense de manera diferente a nosotros, las personas son respetables aunque la filosofía de vida que desarrollan, por la que optan, en ocasiones no lo sea demasiado. En la casa se intenta hacer ver los matices de las posturas más enfrentadas, mostrando que cada cual puede tener su parte de razón en lo que dice, pero al mismo tiempo superando el eclecticismo absurdo de que todos tienen igual parte de razón, puesto que las capacidades de razonamiento son muy diferentes de unas personas a otras.

Cuando existe un espacio para el diálogo, cuando se puede hablar en la familia, cuando deja el televisor porque está apagado y se desconecta la wifi, se pueden ir dando pinceladas de conocimiento, a veces desde la perplejidad.

Unas veces se suelta a bocajarro, para el debate doméstico, si el fin justifica los medios. Otras veces la cuestión viene derivada de una injusticia flagrante: ¿qué es la justicia? ¿Existe? Es bueno y útil poner a los hijos en los zapatos de otro: ¿qué hubieras hecho tú en su lugar? Son muchas las ocasiones de forzar un breve diálogo, sin la pretensión de dejar las cosas en claro sino simplemente suspendidas en el aire para que en la quietud de la noche vuelvan como un eco para la reflexión. Porque algo queda. Siempre. A veces a los pocos días reabren el tema con un "¿recuerdas aquello que dijiste?". Y otras veces lo irá rumiando cada uno en su cabeza sin encontrar nunca la solución, una respuesta clara y definitiva, como el problema del mal en el mundo o la libertad humana.

Quizás nuestro deseo como padres es que los hijos encuentren en nosotros o en sus respectivas personas de referencia, puntos de optimismo, de reflexión, de cariño y tolerancia... pero con unos principios claros con los que nuestro comportamiento intenta ser coherente.

14.- Cuestiones radicales

Uno de los principales objetivos de la sociedad debe ser formar a los jóvenes para que sepan convivir en paz, tolerancia y respeto hacia quienes piensan de forma diferente. Hay que hablarles de la sociología, de los grandes teóricos de la educación, desde Platón hasta Rousseau, hayan tenido o no hijos. Ser un afamado teórico no significa que las teorías sean útiles o verdaderas, ni siquiera eficaces. Rousseau no tuvo demasiado éxito con sus teorías de que el hombre es bueno por naturaleza (tema para simposio en mi casa con frecuencia) ni, como aludíamos, en la educación de sus hijos. En el mencionado libro de Unamuno «Amor y Pedagogía» se podría ver reflejado el prototipo de padres que apuntan a sus hijos a todo tipo de actividades extraescolares sin prepararles para lo que seguro que va a encontrar en la vida: la contradicción, el fracaso, la adversidad, la necesidad... Un desastre pedagógico.

Cuando se tiene bonhomía, no se desean cosas malas para nadie y mucho menos para nuestros hijos. Pero en el mundo no todo es buena voluntad y a menudo nos encontramos con situaciones que generan sufrimiento. Educar en la austeridad, en la reciedumbre, en saber pasar con pocas cosas, es un valor seguro. Si luego hay opulencia, abundancia, en general se adapta uno mejor que a la inversa.

Muy precozmente, ya en la adolescencia o antes, se entra en contacto con la muerte. Pero la muerte real, no de esas que ven en películas y videojuegos. A través de las noticias, en el círculo de amistades, en la propia familia, por más que la sociedad tienda a ocultarla y silenciarla, se convive con la muerte. La muerte de otras personas nos hace caer en la cuenta de que eso también nos puede suceder a nosotros. Y que nos va a pasar a nosotros, pero sólo una vez, algún día. A diario desaparecen de escena personas a las que no vamos a volver a ver, para ellas se acabó su papel en esta obra.

Puede ser que durante un tiempo los jóvenes crean que lo de la muerte es cosa de gente mayor, pero un buen día tienen noticia de alguien que se murió, como dicen, prematuramente. Hablamos de "muerte prematura" cuando una persona fallece antes de llegar a la edad que se fija como "esperanza de vida" de una sociedad. También lo decimos si alguien fallece cuando aparentemente todavía le quedaban muchas cosas que hacer por el mundo, con obligaciones, tareas o sueños pendientes. Decíamos que las vidas truncadas prematuramente son las que arrancan en los velatorios el comentario más repetido con rabia y lágrimas: "¡No es justo!". A la queja le falta el sujeto: ¿qué o quién no es justo? ¿La vida? ¿La situación? ¿Dios? ¿Es justo vivir? ¿Es la vida un derecho? ¿Es un regalo, un don? Más motivos para el debate.

En la educación de mis hijos procuro no ser maniqueo sino abrir un abanico de posibilidades para que elijan. Es cierto que hay preguntas que sólo admiten un sí o un no, aunque algunos desearían que apareciese también la opción "depende". Cuando vamos a los primeros principios de la lógica, el de identidad (*a* es *a*) y el de no contradicción (no puede ser la vez *a* y *no-a* bajo el mismo supuesto y circunstancia), pensamos que sobre eso no hay debate posible. Pues claro que lo hay, y han corrido ríos de tinta a lo largo de la historia incluso en lo que parece más evidente. Sobre todo, si el principio que sacamos a colación es de índole moral como el de si el fin justifica los medios o no, entonces abrimos una nueva enciclopedia. Sin embargo, aunque, insisto, trato de no ser de "o blanco o negro", hay una distinción entre los seres humanos que considero que marca una clara diferencia y con arreglo a ella se puede dividir la humanidad nada más y nada menos que en dos grandes grupos. Pretender una división dicotómica planteada al conjunto de los miles de millones que pueblan el planeta, e incluso los millones que lo han poblado, es una apuesta fuerte. Podemos distinguir a la humanidad en dos grupos... entre los nacidos en hemisferio norte y los nacidos en hemisferio sur (aclarando de qué lado ponemos a los de la línea del Ecuador). O podemos hacer dos bandos según la renta *per cápita* anual: los que tienen 2349,01 dólares o más y los que tienen 2349,00 o menos. O podemos hacer los dos grupos de la población mundial entre los que miden más de 173 cm y los que miden 173 cm o menos. Son modos arbitrarios de dividir en dos a la raza humana.

Evidentemente estos ejemplos son aleatorios y el motivo de la división roza lo absurdo. Pero desde mi punto de vista hay una diferencia muy importante entre los seres humanos: **los que creen que después de esta vida hay alguna forma de seguir existiendo y los que no lo creen.** Según esta creencia, por un lado estarían los que consideran que con la muerte de la persona todo se acaba y quienes creen que más allá de la muerte puede haber algo más, sea un juicio, un paraíso o un infierno, una reencarnación... algo que sigue.

Cuando hago mención de una cuestión que se plantea a lo largo de la vida —creer en un más allá o no creer—, estoy anticipando que a partir de aquí nos adentramos en el terreno de lo opinable. No es que de lo anterior no se puedan admitir opiniones diversas sino que en este terreno, al cuestionarse sobre la existencia del ser humano más allá de la muerte, el enfoque que se le dé a la vida puede ser muy diferente dependiendo de la opción que se elija. Me dejó perplejo un abogado al que pregunté si creía que había algo después de la muerte. Sabía de su pensamiento más bien materialista y me dijo: "Anda, claro que hay algo después de la muerte: el impuesto de sucesiones".

Imaginemos que un grupo de personas camina por un bosque cerrado en terreno montañoso. Es un terreno que ninguno de los del grupo conoce aunque algunos de ellos dicen mostrar cierta afición por la montaña y se han movido en otros terrenos similares, pero no en éste. Mientras la marcha es bucólica y alegre, con provisiones y buen tiempo, caminar se hace entretenido y ameno. Si el cansancio o las lesiones hacen aparición, se busca aminorar la marcha, o sentarse a reponer fuerzas. Si comienza a escasear el alimento, en el grupo todos empiezan a recelar de todos y buscan hacer acopio de las vituallas que les quede. Si a la marcha se le añaden inclemencias meteorológicas, se empieza a otear alrededor en busca de refugio. En las circunstancias adversas debe incrementarse nuestra confianza en quienes se dicen expertos en la vida de montaña. Pero incluso estos expertos no han pisado nunca el terreno que ahora estamos hollando con nuestros pies. Y si cae la noche o si durante el día surge una niebla densa, entonces la marcha quizá se tiene que detener y acaso ya no sea tan divertida ni alegre. Y si además en la cara de los expertos vemos gestos de que esto se está poniendo mal, o empieza a crecer la sospecha (solapada o confirmada) de que estamos perdidos, se nos contagia el pesimismo. Surgen dudas acerca de la pericia de los que se dicen guías, también el recelo, no vaya a ser que ante la falta de víveres busquen maniobras o caminos para sacrificar a algunos del grupo.

Imaginemos que en un momento determinado de esta travesía la situación se pone tan tensa que uno llega a desconfiar del grupo, y toma la decisión, individual o con otros compañeros de mayor confianza, de separarse del grupo y decide o deciden buscar una ruta por su cuenta. Eso puede reportar mejoras en la autonomía (igual en la marcha iba un grupo de jubilados que a nuestro parecer lastraban el ritmo) pero puede suponer el riesgo de que quizás estemos prescindiendo de gente experta. Claro que, si no nos fiamos de la gente experta... quizás más vale solo que mal acompañado, como dice el refrán.

Ir solo por el monte no es buena idea, como no lo es hacer deporte en solitario por lugares donde no hay nadie, porque si nos pasa algo, no habrá quien nos pueda echar una mano. Ya lo dice la Biblia en el libro sapiencial del Eclesiastés 4,10. Ir por el camino de la vida sin compañía, aparte de arriesgado, puede ser hasta aburrido, por mucha capacidad de disfrutar del paisaje que desarrollemos. El itinerario, el camino que elijamos, puede ser andadero o intrincado. Seguramente alternará vergeles con desiertos, días nublados y soleados, con viento desagradable o con brisas que invitan a respirar hondo y mirar el horizonte con optimismo. Nuestra vida va a estar plagada de estos altibajos, los grises de la vida, como una montaña rusa. En el conjunto de la vida podríamos echar balance para ver si los momentos agradables han sido más numerosos que los tristes. Para muchos, la recompensa es el camino, porque **la felicidad no es un destino sino una forma de viajar**. Pensar que existe un destino, un lugar al que llegar... es para los que creen que existe un fin en la vida, quizá un más allá. Quienes no lo creen, lo que buscan y pretenden es disfrutar del camino todo lo posible porque eso es lo único que se pueden llevan por delante. Luego no habrá nada más. "Que me quiten lo bailao" decimos para sintetizar ese *carpe diem*. Pero vamos a ver que se puede y deben hacer ambas cosas: caminar con un destino feliz y disfrutar caminando.

En el camino de la vida, desde que nacemos hasta que morimos hay numerosas etapas y gentes que aparecen y desaparecen de nuestro entorno. Se nos allegan amigos, clientes, parásitos, vendedores de salud o de espiritualidad, aguadores y proveedores de servicios, gente alegre y gente gris, familiares... El grado de confianza que depositamos en ellos es variable según la finalidad por la que se juntan a nosotros (o nosotros a ellos). Unos son elegidos y otros son impuestos. Elegimos amigos, nos imponen compañeros de trabajo. Aprendemos de lo que nos gusta para imitarlo y advertimos lo que nos desagrada para tratar de no copiarlo. Si durante una temporada el camino se ensombrece y no sabemos por dónde tirar, surge la duda. La duda, según los filósofos, es la suspensión del juicio: no sé por dónde seguir. Buscamos en esas circunstancias (o se nos allega providencialmente) alguien que se presta a ayudarnos o a quien nosotros, por iniciativa personal y venciendo el orgullo, pedimos ayuda. Si al sendero de la vida por el que caminamos viene alguien con una mochila pertrechada y buenas botas y ropa de abrigo pensamos: "Éste sí que sabe, se ve que va preparado". Entonces o le pregunto o le sigo disimuladamente por donde él va. Pero cuidado con las apariencias: el hecho de que nos crucemos con una persona aparentemente bien equipada para la travesía no significa que esa persona sepa dónde va. O sí lo sepa, pero no vaya a donde nosotros queremos ir. O, no sabiendo a dónde ir, sin destino claro, nos vamos tras sus pasos porque, total, igual es un rumbo que otro. Y quizá mientras caminamos tras esa persona, nos va mirando de reojo como el flautista de Hamelin veía tras él el cortejo de ratas a las que sabía a dónde llevaba, aunque ellas no.

Con mucha frecuencia nos dejamos eclipsar de las apariencias y nos fiamos mucho de las personas que tienen buena presencia o parecen bien equipadas para la vida: están bien plantados. Sin embargo, muchas de esas personas resultan un fraude: son simple apariencia pero no son expertas en nada, salvo en engañar, en generar falsas expectativas. No obstante, la gente trajeada nos levanta menos recelo que una persona con rastas.

Recuerdo que cuando estuve en Perú en los años noventa quise subir una cumbre que superaba los 5000 metros, el nevado de Ampay, una cota a la que no se llega en Europa. Residía en un pueblo, Abancay, que ya está a unos 2400 metros de altitud y se trataba de acometer la cima en dos etapas. Quedaría bien decir que llegamos a coronar la cima pero lo cierto es que nos quedamos a pocos metros, aunque superamos la cota de los 5000. Cuento esta anécdota porque los europeos íbamos con una equipación/equipo de montaña media-alta, en la que destacaban nuestras botas imponentes que contrastaban con las sandalias de los niños que corrían a nuestro alrededor. Para ellos era extraño que los forasteros tuviesen emocionado interés por subir al monte al que ellos iban a jugar frecuentemente. Comentaba con mis compañeros que era bochornoso que unos adultos bien equipados subiésemos tan lentos comparado con las carreras en sandalias que se daban los niños alrededor nuestro, sin parar de reír y moverse cual rabo de lagartija. Bajaban a toda velocidad, se paraban ante nuestros jadeos, y nos daban aliento al grito de "¡ánimo, míster, que ya queda poco!" y se alejaban de nuevo ladera arriba corriendo. En esos parajes, aquellos niños desharrapados y sin indumentaria *ad hoc* eran los más adaptados al terreno.

Si el objetivo de la vida sólo es caminar, caminaremos por los senderos más cómodos y puestos a elegir, siempre tiraremos por los que parezcan más sencillos y despejados. ¿Para qué complicarse la vida? Si por el contrario queremos llegar a un determinado destino, no da igual el sendero que tomemos en los cruces de camino. Tampoco tiene que suponer un error irreparable que en una encrucijada nos equivoquemos en la elección: quizás demos un pequeño rodeo y podamos luego reconducir la marcha. Incluso es posible que en esa ruta alternativa hayamos descubierto personas interesantes o sitios maravillosos que, de haber tirado recto, no habríamos conocido.

La gente que se aventura en el camino de la vida pensando que hay una meta a la que llegar tiene numerosas ventajas y algún inconveniente frente a los que no creen que exista tal meta. Lo vamos a ver a continuación. Pero quiero anticipar una cuestión que es evidente: pensar en una meta a la que llegar implica una programación porque no da igual la ruta a seguir, la manera de caminar, ni las etapas que estableces, ni las amistades con las que caminas, ni los guías de los que te fías. Sobre todo en tiempos de oscuridad, los gurús proliferan por doquier: en tiempos de crisis en todos los pesebres se busca un mesías. Además, venden un producto que tampoco han experimentado porque caminan por una ruta que igualmente no han recorrido nunca.

En estas circunstancias resulta tan crucial la experiencia como la confianza. Si hemos de fiarnos de alguien, al menos le someteremos a una serie de pruebas para ver si sabe o no sabe, si controla el tema o anda perdido. A menudo recibo pacientes que te tantean para ver si dominas el tema, si estás puesto al día. Te sacan lo último que han visto por internet para comprobar si estás al corriente de los últimos avances. Mientras vamos por el monte, al que pretende hacer de guía podemos, por ejemplo, preguntarle algo tan básico como que nos diga dónde está el Norte. Puede ser sencillo en campo abierto un día despejado donde el sol es una referencia, pero no lo es tanto por la noche. Saber dónde está el Norte no nos obliga a ir hacia el Norte pero sabes que si caminas en dirección contraria entonces estás yendo hacia el Sur, lo que siempre es mejor que estar perdido.

Ya que estamos con los puntos cardinales, el Este nos sitúa para saber dónde está el Oriente. De ahí viene el concepto "estar orientado". Estar desorientado, o estar desnortado, significa que no somos capaces de encontrar nuestro sitio en el mundo, desconocemos nuestra posición, simplemente… estamos en tierra pero no sabemos dónde. Así veo yo cada vez más gente en mi consulta, como pollos sin cabeza. Y lo peor es que tampoco parece que les importe demasiado, haciendo valer lo que ya comentamos de Séneca: no hay vientos favorables ni desfavorables si no sabes dónde vas. Vives y punto. En estas circunstancias el único aliciente parece que es apuntarse a las corrientes y los vientos que vayan soplando al albur de las modas.

15.- Un dilema para toda la vida

Cuando nos nombran la palabra "dilema", enseguida nos viene a la cabeza el monólogo de Hamlet: "¿Ser o no ser?". Con esta cuestión aparentemente tan trivial Shakespeare se anticipó cuatro siglos a Martin Heidegger, filósofo de difícil lectura y comprensión, quien en su obra más conocida *Sein und Zeit* (*Ser y tiempo*, en 1927) hizo la que es quizás la pregunta más esencial de la historia humana y que todavía no tiene respuesta, pero que precisamente por eso alberga toda serie de especulaciones: ¿por qué el ser y no la nada?

Pasamos por esta cuestión con rapidez por el vértigo que genera. Nos encontramos siendo en el mundo, somos conscientes de nuestra realidad y punto, vamos a dejarnos de discusiones bizantinas (¿de dónde venimos?, ¿dónde vamos?, ...) y vivamos. Organicemos lo que sabemos que existe, un mundo físico, una sociedad, unas finanzas, unas necesidades básicas y fisiológicas y dejemos lo demás para quien le sobre tiempo y quiera comerse el coco. O si quiere abstraerse pero no mucho, que haga un sudoku. Porque quienes han optado por no creer en nada más allá de esta vida, miran con recelo y no sin motivo, a los creadores de fantasías que subyugan las conciencias con promesas de un mundo futuro. La antinomia entre creyentes y no creyentes es tan inveterada como la historia de la especie humana, pues ya se tiene conocimiento de enterramientos con promesas de un más allá incluso en civilizaciones prehistóricas. Desde un punto de vista antropológico, parece que la creencia en un más allá está arraigada en el ser humano, se diría que es algo que traemos de serie, pues está presente como rasgo de cultura incluso en las civilizaciones primitivas que todavía en el siglo XXI subsisten en el planeta. Actualmente todavía existen alrededor de un centenar de culturas que no han tenido jamás contacto con eso que llamamos civilización y que de hecho todavía viven en la prehistoria.

No quiero entrar en la consideración de la madre de todas las preguntas, la de Heidegger, y quiero dar por hecho que existimos, somos, nos movemos en el mundo y actuamos en él, que esto no es una fantasía ni una ficción. Vamos a ir más allá de Descartes o de "La vida es sueño" de Calderón de la Barca. Pues aunque fuese una ficción, es tan vívida y real que… ¿cómo nos organizamos en medio esta real ficción?

El dilema que nos ocupa ahora es: "¿creer o no creer?". Y me permito dividir la humanidad en esos dos grupos, los que creen en algo más allá de la muerte y los que no creen que haya nada más allá de la muerte. En mi tarea profesional he podido asomarme a lo que los pacientes creen o dejan de creer, e incluso ahondar en sus creencias, porque las situaciones difíciles, apuradas, obligan a definir los conceptos, a precisar sus contenidos. Hay que tener presente que nadie reflexiona tanto sobre su vida como cuando ve cercana la muerte. Mientras no se atisba esa fecha de caducidad, vivimos de espaldas a ella, en silencio o mirándola de reojo. Es de mal gusto hablar de ella cuando la salud nos acompaña. ¡Y mucho más incluso cuando deja de acompañarnos!

Estar tan en contacto con gente que te busca porque quiere arañar unos años de vida a su existencia terrena me ha llevado a reflexionar con frecuencia y sacar conclusiones. He podido abordar la cuestión desde diferentes perspectivas y las he cotejado con lo que en la literatura se refleja a lo largo de la historia. Para muchas personas, creer tiene la ventaja de pensar que algo tengo que hacer todavía aunque me muera, que seguiré existiendo de alguna manera que no sea en el recuerdo de los que continúan viviendo (un recuerdo que se prolonga a lo sumo una generación). Sería una manera de paliar el miedo a la incertidumbre, la angustia vital, ese malestar que a uno le da sentirse una menudencia en la inmensidad del universo.

Cuando hablo de creer me refiero a cualquier forma de creencia, desde el animismo o la reencarnación hasta la resurrección o el paraíso. El materialismo ateo dice que de eso nada de nada, que todo son ficciones para anestesiar las conciencias y que todo el tajo está aquí abajo. Probablemente uno de los filósofos que más luchó por liberar a la sociedad del trauma teológico fue Ludwig Feuerbach (1804-1872). Considerado el padre del ateísmo antropológico o el humanismo ateo, vio en el concepto de inmortalidad el origen de las religiones. Desde su crítica, hay que señalar e incluso prohibir la acción nociva de los propagandistas de ilusiones que venden vida eterna a los ingenuos contándoles historias del más allá del que nadie ha venido a decir nada. Invenciones y supercherías denunciadas desde la sociología y el positivismo de un contemporáneo suyo, Auguste Comte, como creencias propias de los pueblos primitivos, superadas ya por la evolución de la ciencia. Una ciencia que se ha emancipado y que ya no necesita el recurso a Dios para explicarlo todo. Bueno, y si no lo explica todo, lo explicará, es cuestión de tiempo, según dicen. Por eso, cuando ahora salen frases que cautivan por la paradoja como "No es Dios quien ha creado al hombre sino que es el hombre quien ha creado a Dios", tiene su lógica. Porque si efectivamente prescindimos de Dios como creador y el hombre se explica a sí mismo, Dios es una creación del hombre, de su imaginación, al modo como nos imaginamos un unicornio o como Miguel de Cervantes dio vida a Alonso Quijano. Si Dios no tiene entidad propia… tendrá la que nosotros le queramos dar a efectos prácticos.

Fijaos que hasta este momento no había hecho mención de Dios para nada, por más que la idea de Dios ya pulula en la mente de los seres humanos desde que… creen en el más allá, desde que el hombre es hombre, incluso antes de dejar documentos escritos, en la prehistoria. Los cultos a las diferentes deidades es objeto de estudio en la Historia de las Religiones. Son los dioses o Dios el que se pone como garante de la vida eterna: lo que hay más allá de la vida biológica está fuera del poder del hombre y, si existe, se hace necesario creer en algo o alguien que confiere ese poder. Creer en el más allá lleva implícita la creencia en un ser superior, no humano, con el que se religa, se une de nuevo tras cesar sus funciones biológicas y con su cuerpo en descomposición. Digo que se une "de nuevo" porque esa creencia asume que en el origen de su existencia la criatura estaba con el Creador. Una unión que se rompió por una culpa, un pecado como se recoge en la tradición cristiana, el pecado original, fruto del cual ha apartado a la criatura a la tierra durante un tiempo (toda una vida) y que al final de los tiempos regresará nuevamente a su origen, al Creador, se re-ligará con Él. ¿Necesita el ser humano una religación, una religión, o es un mero elemento cultural, una reminiscencia de tiempos pretéritos en los que no sabíamos meteorología ni sociología? ¿Es esta necesidad de memoria tras la muerte el origen de las religiones? ¿Creer o no creer?

Así lo estudian ahora los jóvenes en las escuelas e institutos. La asignatura se ha dado en llamar "El hecho religioso", asumiendo que la religión ha estado presente de una manera u otra en todas las culturas a lo largo de la Historia, como un elemento antropológico. Diferentes cultos, diferentes creencias, diferentes normas... pero todas con la finalidad de venderte la vida eterna, la vida más allá de esta vida. Se trata, en primera instancia, de posicionarse, de si creer o no creer. Desde luego cuando se opta por no creer, quizás no es necesario valorar si todas las creencias son iguales, pues cumplen el mismo cometido y son por tanto igualmente válidas o inválidas. Pero incluso aunque se decida no creer, se puede husmear a ver qué se está ofreciendo en el mercado de la vida eterna: igual se descubre que no es lo mismo una religión que exige sacrificios humanos que otra que permite el castigo físico a las mujeres o que aquellas que te dicen con qué pareja se debe uno casar o las que te prohíben comer carne los viernes o las que no admiten trasplantes de órganos. Desde la postura del ateo se vive con cierta calma frente a la convulsa refriega permanente de los que creen en algo y dicen que lo suyo es lo que vale y lo de los demás no vale nada.

Al dividir la raza humana (la humanidad de todos los tiempos y en todos los lugares) entre creyentes y no creyentes pretendía una división dicotómica tan simple como un sí o un no. Pero como siempre, hay dubitativos que se instalan con cierta comodidad en un "depende", o un "no me pronuncio" o un "quizás". Son aquellos que pueden pasar como los más ecuánimes ciudadanos, alejados de extremismos y posturas radicales. No niegan la vida eterna pero tampoco creen en ella porque materialmente no se puede probar. Son el gran colectivo de los agnósticos o los escépticos que conceden a la existencia de Dios el beneficio de la duda. Pueden creer que existe, porque no les resulta absurdo que pueda existir, pero si existe, desde luego no les convence que sea el que les cuentan los vendedores de eternidad. Consideran que con una postura así se sitúan en el punto justo en el que debe colocarse el ser humano que piensa racionalmente. No es absurdo que exista Dios aunque no veo que sea imprescindible que exista. Todo este tinglado se puede explicar desde una vertiente exclusivamente evolucionista desde la física, opinan. Por otro lado, el ejemplo de enfrentamientos que se da entre los creyentes... hay que ver qué radicales se vuelven algunos. Pero igualmente entre los no creyentes… anda que desde el comunismo radical no se han hecho atrocidades intentando coartar la libertad de expresión religiosa por considerar que la religión no es ninguna expresión de libertad sino de cadenas, el opio del pueblo. Algunos consideran la religión como el origen de las desavenencias y guerras entre pueblos.

El dilema para toda la vida va oscilando su posición con el paso de los años. No está fijo, nada fijo. Se puede pasar del creer a no creer o viceversa en un plumazo. A veces se hace la transición lentamente tras periodos de duda, incertidumbre, escepticismo, agnosticismo… con vaivenes más o menos suaves. Otras veces el cambio es brusco, instantáneo: o se cae uno del caballo o se quita la sotana. Igual que los que dejan el tabaco son los más intransigentes con los fumadores, los que cambian de un lado al otro con brusquedad suelen ser los más radicales. Agustín de Hipona, por ejemplo, cuenta la historia que fue un bicho de cuidado durante sus primeros 30 años. Tras su conversión llegó a ser obispo y reconocido posteriormente como Doctor de la Iglesia Católica. En el lado opuesto podemos fijarnos en Lenin que tras la ejecución de su hermano abandonó la religión, o de su sucesor, Stalin que había sido anteriormente seminarista. A veces no sabes dónde colgar el adagio latino "Corruptio optimi pessima" (la corrupción de lo mejor es lo peor). Analizando la historia, parece como si el ser humano estuviese condenado a oscilar entre dos extremos, inmanencia frente a transcendencia, el aquí y ahora frente al mañana en la eternidad. De pequeños nuestros padres nos inculcaron las ideas que ellos creían que eran las más adecuadas para enfrentarse a la vida, fruto de sus conocimientos, de sus experiencias… de sus creencias. Conforme pasan los años, o bien seguimos en las ideas transmitidas o renegaremos de ellas, y modificaremos nuestras creencias. Dependerá de lo que hayamos nutrido nuestra cabeza con lecturas, compañías, ejemplos, vivencias… Podemos conservar las ideas que nos legaron o cambiarlas por otras. Conservarlas porque se han ido reforzando con otros conocimientos más sólidos o bien meramente sujetas con pinzas, tal y como nos las dieron nuestros progenitores, expuestas a cualquier golpe de aire.

No es malo que con frecuencia testemos y sometamos a prueba nuestras creencias. Es la forma de saber cuán sólidas son nuestras convicciones. Muchas personas reconocen que no tienen una idea forjada y clara al respecto, que es una cuestión a la que consideran que hay que darle unas vueltas en la cabeza pero que lo ven tan insoluble como el problema del hambre en el mundo. Además, la sociedad hacia la que caminamos se está volviendo tan en extremo tiquismiquis que sacar a debate determinadas cuestiones puede herir sensibilidades y se convierten en temas tabú que deben ser relegados a las conciencias, al fondo más inexpugnable de lo que uno piensa, y que sólo deben aflorar en el diván del psicoanalista.

Yo no creo que sea así, que estas cuestiones sobre el más allá deban hacerse con vergüenza o cuchicheos, a escondidas. Y por eso no tengo inconveniente en comentar esta "crisis" por escrito, porque creo que los tabúes generan muchos traumas de conciencia. Es lógico que desde unos postulados ateos, el tema no reviste ningún interés, es una cuestión zanjada: no hay nada y punto. Pero igual enganchas con el tema de los extraterrestres y el ateo es un convencido ufólogo que te cuenta sus tres últimas abducciones, la última sin haber consumido LSD. Si tengo salud y ganas, un día escribiré un anecdotario de gente que he visto en consulta atacada por zombis y manifestaciones paranormales que ya quisiera haber escuchado Tobe Hooper para su película *Poltergeist*. Y sólo soy médico del aparato digestivo, que no psiquiatra. Pero después de lo que he escuchado, me parece que para hablar del Espíritu Santo no hace falta entrar en trance ni en éxtasis. De lo más corriente, vamos.

16.- Cuestión de vida o muerte

Entro ahora en la consideración de un tema vital en el desarrollo de este libro. A partir de aquí, aviso, ya es una exposición que puede herir sensibilidades. Se trata de evaluar si merece la pena creer en algo o no creer. Y si creer en algo, en qué o en quién creer. Un escritor de la talla de C. S. Lewis (un converso del anglicanismo, aunque más bien desde el ateísmo) exponía en *Una pena en observación* la consideración acerca de la firmeza de una fe. Todos creemos en alguna cosa. Todos nos fiamos en mayor o menor medida de lo que nos dicen las demás personas con las que interaccionamos. Las relaciones humanas han de estar basadas en la confianza, en la seguridad de que lo que el otro me dice es cierto. Por eso precisamente cabe la posibilidad de fraude a esta confianza, del engaño. Como hace ver Lewis, cuando a una persona se le pregunta si es un hombre de fe, uno puede decir con más o menos grado de convicción que sí, que en algo cree. Y si es una persona con convicciones religiosas, con fe sobrenatural, y se le pregunta sobre si cree que su fe es sólida, seguramente pensará que sí, que cree. Quizá si insistimos en preguntar si cree de verdad, igual ante esa iteración se mosquee un poco y acaso titubee. Y si por tercera vez le preguntas... puede que hasta se derrumbe como Pedro cuando Jesucristo insistió (cfr. Jn 21, 15-25).

Efectivamente, una fe puede ser más o menos sólida. Si la sometemos a tensión, igual que estiramos una cuerda para ver si se rompe y no lo conseguimos, pensaremos que esa fe es suficientemente fuerte... como para atar un paquete. Pero Lewis señala que, si de esa cuerda estuviésemos colgando de un precipicio... igual comenzaríamos a dudar de la solidez de la cuerda, hubiésemos preferido algo más consistente, acaso una soga, una maroma. Todo depende de lo que está en juego.

De teorías de juego habló mucho Robert Axelrod estudiando cuál puede ser la mejor estrategia para interaccionar con los demás obteniendo las mayores ganancias posibles, teniendo en cuenta que aquellos con los que interaccionamos pueden decidir cooperar con nosotros o defraudarnos. En la teoría de juegos se pretende estudiar y elaborar pautas de actuación que pueden determinar si ante una serie de interacciones con otras personas obtendríamos beneficio, saldríamos perjudicados o sería una interacción neutra. Estableciendo la llamada tabla de pagos, es decir, lo que cada uno percibe tanto si decide cooperar como si decide defraudar, hay que contar con la picaresca humana y con que los hombres no somos buenos por naturaleza: vamos, que si el que interacciona contigo ve posibilidad de engañarte y con ello conseguir para sí un beneficio, sin duda lo va a hacer. En términos económicos no hay contemplaciones con la moral: el objetivo del juego es forrarse, ganar mucho y si para ello hay "daños colaterales", mientras se compensen con las ganancias, la maniobra se acepta y se ejecuta sin consideración. Con esto no quiero decir que en el terreno de la economía todos sean tiburones sin escrúpulos. Habrá gente con ética y quizás estas personas que hagan alarde de ella han de estar al tanto porque son las piezas más apetecibles para interaccionar con ellos porque su generosidad los puede llevar a ser incautos. Aunque un comportamiento ético no tiene por qué ser generoso. A la ética también se le pone precio, se estudia lo que cuesta ser ético.

Para no extenderme con la teoría de juegos (hay mucho desarrollo de cálculo de probabilidad, secuencias, fórmulas, etc.) tan sólo diré que una de las estrategias más eficaces a la vez que simple era la llamada en inglés *tit for tat* o que nosotros traduciríamos como un "toma y daca", y que era conocida en la tradición antigua como la ley del Talión: ojo por ojo y diente por diente. Cada vez que interaccionemos yo decidiré cooperar o defraudar en función de lo que tú hiciste la vez anterior, si cooperaste coopero, si me defraudaste te defraudo. Esto, aparte de compensar pérdidas, hace ver al otro que donde las dan las toman y que si vuelve a defraudar, harás lo mismo sin piedad ni perdón porque se debe hacer como correctivo. De esta forma, el que juega contigo en pocas jugadas comprende tu estrategia, sabe a qué atenerse. En una interacción continuada entre personas en varios momentos de la vida, a ambos les interesa cooperar y ambos salen beneficiados. Sin embargo, si vamos a tratar una sola vez en la vida con una persona, en las estrategias de interacción a una sola tirada... parece que lo que salía más rentable era… defraudar. Quizás esto explica en parte la sensación de que hay que ir por la vida "pisando fuerte", sin "casarse con nadie", no se piensa en interacciones a largo plazo sino en un encuentro puntual del que hay que sacar provecho inmediato porque no habrá un después: si te he visto no me acuerdo. Penoso, pero parece que es así. Por eso las relaciones humanas deben establecerse para que los individuos interaccionen durante mucho tiempo. En las relaciones de "usar y tirar" es más fácil que haya engaño por medio, porque no esperas volver a interactuar con el engañado. No son buenos tiempos para incentivar la fidelidad.

Abandonamos la teoría de juegos (a la que aludiré más adelante cuando hable de Blaise Pascal) pero me quedo con las ganas de añadir algo sobre los juegos de suma cero, en los que la ganancia de uno es función directa de la pérdida que le infrinja al contrincante. El ajedrez, como los demás juegos competitivos, es de suma cero: para que uno gane otro tiene que perder. Pero si nos planteamos la vida como una permanente lucha en juegos de suma cero, siempre habrá recelo a la hora de interaccionar con nuestros semejantes porque pensaremos que cada vez que entremos en contacto con otra persona, sin duda va intentar aprovecharse de nosotros. Si a los jóvenes les propones como ejercicio una redacción: "Comente la siguiente frase: «para que uno gane, otro tiene que perder»", seguramente la mayoría asumirá que es cierta, porque parece evidente, y la razonará según su criterio. Tal y como está enunciada, se da por hecho que ha de ser así y casi nadie la pondrá en tela de juicio o buscará alternativas o propondrá ejemplos de juegos cooperativos donde fruto de la interacción todos ganan, se enriquecen. Es la diferencia que se ve entre el empresario y el especulador. Un especulador no genera riqueza, no añade valor al producto, simplemente modifica el precio sin añadir nada. Por eso su ganancia depende de lo que logre engañar a otros. Un empresario transforma de una u otra manera el producto, aunque sea lo cambia de sitio, pero genera riqueza y la reparte, la distribuye. Otra cuestión es el criterio de reparto que siga el empresario, eso ya es una cuestión de debate que se escapa al propósito de este libro.

Volvemos a lo que está en juego y a lo que es cuestión de vida o muerte. Entre las cosas que importan a las personas podemos encontrar intereses distintos, y cada uno tiene diferentes prioridades. Casi todo el mundo sitúa en los primeros puestos de importancia la salud y la vida. Otros prefieren la bolsa. Hay quien pone sus hijos por encima de su vida. Otros prefieren no tener hijos y ponen por encima su bienestar o salud. El instinto de conservación hace que la salud, el miedo a perder la vida, sea un interés universal. Para algunos el bien absoluto, y sobre todo, para los materialistas o no creyentes, es el bien más preciado. Quizás algún no creyente pero con sentimientos más espirituales pusiese por encima de su propia vida una doctrina filantrópica o un ideal político. Pero lo cierto es que pocas cosas hay que le disputen ese puesto alto en la escala de valores a la salud y el deseo de vivir. Incluso entre la mayoría de los creyentes en algo.

Por mi profesión de médico tengo ocasión de ver cómo se aferra todo el mundo a esta vida y se preocupa por estar sano, incluso aunque su salud esté perfectamente bien dentro de lo que cabe esperar. Los hipocondríacos proliferan al ritmo en que la sociedad hipertrofia eso de "la salud por encima de todo", con un aderezo de incertidumbre ya que la ciencia, por mucho que vaya avanzando, no es ni exacta ni precisa. Aparte de ocuparme de lo que le pasa a su aparato digestivo, veo en ese intestino el reflejo del exceso de preocupaciones, de la falta de sueño, de comer o vivir deprisa, de los disgustos o reveses mal encajados de la vida. Con ocasión de la anamnesis y la exploración física, en algún momento, sale aquello del "Pero usted ¿a qué aspira? ¿Qué desea?". Y emergen las fobias, los temores, o acaso un horizonte que se ha acotado en el tiempo tras un pronóstico infausto. Nuestra vida está en constante peligro desde que nacemos, sin que nos percatemos de ello, hasta que un buen día nos notifican algo que ya sabíamos: nos estamos muriendo. Y eso cuando te avisan o te pueden avisar porque la muerte puede venir por sorpresa, de repente y sin previo aviso. En eso, sí, la medicina ha avanzado respecto al pasado: lo ve venir (aunque no siempre) y puede irte preparando para el *exitus*.

Cuando llega este momento, la angustia vital —que en ocasiones a lo largo de tu vida te asaltó como idea impertinente e inoportuna, y que rechazabas como broma de mal gusto— te interpela cara a cara y no quiere irse porque ya te han dado un pronóstico. Te quedas tan bloqueado que, por frío y calculador que seas, no aciertas a disponer las cosas materiales para procurar que tu marcha sea lo menos traumática posible para los que te rodean. Se han escrito libros orientando cómo hacer esa tétrica tarea. Y junto a las tareas materiales, se vuelven a alzar las espirituales, hayas creído o no a lo largo de tu vida en algo más allá. Los teóricos dicen que hay que reafirmarse en las convicciones que uno ha tenido a lo largo de su vida y si durante toda la vida uno no ha creído en nada ni en nadie, hombre, no se acobarde ahora y mire a la muerte de frente y con estoicismo sin que se note que las piernas le tiemblan. Y si ha sido creyente, vamos, que no desfallezca su fe, abandónese en manos de la divina providencia y que en el más allá usted encuentre aquello en lo que siempre esperó y confió.

Sin embargo, aunque esto parece lo lógico y coherente, hay movimientos de última hora en ambos sentidos: ateos que se convierten y creyentes que se desesperan. Los ateos que se convierten al final de su vida (hay muchos casos en la Historia) son considerados como unos débiles, unos esquiroles por los ateos que quedan sobre la tierra: "se ha rajado en el último momento por terror psicológico", pueden argumentar. Los creyentes pensarán que es que "vio la luz" o tuvo alguna gracia especial que le llevó a convertirse en el último momento, aunque algunos apelaran a que Dios no es tonto y que con toda la vida de negación que hizo, a ver si con un arrepentimiento de última hora va a conseguir la salvación. Es una lástima pero muchos que se dicen cristianos ignoran el sentido de la parábola del hijo pródigo. Incluso los hay que se indignan mucho con su contenido, y comprenden y comparten el enfado mayúsculo del hijo mayor...

Pero también habrá creyentes de toda la vida que a última hora cambian de parecer y mueren renegando de su credo o en acto delictivo o pecaminoso. Durante muchos años en la Iglesia se negó enterrar a los suicidas en camposanto por pensar que era evidente debían estar condenados, ya que murieron cometiendo un pecado, atentar contra su propia vida, sin tiempo para arrepentirse. Viene aquí al pelo la locución que santa Teresa escuchó de Dios, que le recriminaba porque no rogaba por el alma de uno del pueblo que se había suicidado tirándose al río. La santa creía que, efectivamente, no tenía sentido pedir por los condenados en el infierno. Cuentan que escuchó: "Teresa, entre el puente y el agua estaba yo". Al final, siempre hay momento para el arrepentimiento.

Apostar fuerte en diferentes momentos de la vida lo podemos hacer con mucha frecuencia. Pero nunca de manera tan intensa y crucial como cuando es nuestra vida la que está en juego. Los médicos, para enfatizar esa importancia, muchas veces decimos al paciente o a los familiares que nos vamos a meter en quirófano "a vida o muerte". El enfoque que cada uno haya previsto para su más allá es muy diverso pero se clarifica cuando le pones delante al paciente que el momento de la partida es inminente. La vida es lo más importante que tiene el que no cree en otra cosa. El que cree en un más allá, puede considerar más importante la vida del más allá que ésta, lo cual no quita que desee aferrarse a ella lo más que pueda, aunque sólo sea por instinto de conservación. Enriquece mucho conocer de los pacientes lo que significa para ellos la vida, su vida. Una vida con más o menos contenido, sólo inmanente o también, además, trascendente.

La vida no es sólo la existencia biológica, material. La vida es esto y un después, con o sin nosotros. Tanto el creyente como el no creyente coinciden en que aquí hay vida. Creyente y no creyente discrepan en que haya una vida más allá de esta. Y en ambos casos, la apuesta por creer en un más allá es fuerte, interpela, **porque la creencia en una vida más allá, puede condicionar el enfoque de esta vida en la que ambos creen.** Y entonces, ¿creer o no creer? Vamos a seguir la singladura agitando el mar.

17.- Nada nuevo bajo el sol

Si de algo me sirvió estudiar filosofía... Ya me dijeron que no valía para nada. En el fondo no es un saber apreciado pero resulta enriquecedor asomarse al pasado y ver que ha habido mucha gente sabia e inteligente a lo largo de la Historia. Las generaciones que prescinden, y en ocasiones hasta con orgullo, de conocer su pasado, son mucho más ignorantes que las que nos precedieron. Como decíamos al comienzo de este libro, el hecho de tener acceso a más información no implica que estemos más y mejor informados. Cuando se trata de decidir si uno cree o no cree en una vida más allá de ésta hay que emplear la razón, y también es útil conocer el discurso racional de todos aquellos los que cavilaron sobre ello antes que nosotros. Pero también la fe va a entrar en juego, como vamos a ver.

Mucha gente muy, pero que muy inteligente, no ha creído ni cree en dioses ni en más allá. Y lo ha argumentado con razones más o menos poderosas, y actualmente desde posturas supuestamente científicas, como si fuesen apodícticas, aunque muchas veces falaces. Pero también a lo largo de la historia ha habido y hay gente muy, pero que muy inteligente, que sí ha creído y cree en el más allá y, por ende, en algún ser sobrenatural que la otorga, ya que eso de la vida eterna parece que escapa a la naturaleza humana y a sus posibilidades (aunque vamos tras el elixir de la eterna juventud). Y también éstos han dado sus argumentos, poderosos argumentos, para apoyar su decisión de creer. Los careos entre unos y otros han llenado estanterías de libros y debates, unos refutando los elaborados argumentos de los otros. Pero ni unos han podido demostrar que Dios exista ni otros que no exista. De este empate técnico se benefician los agnósticos que dicen que si no puede afirmarse ni negarse, entonces voy a organizar mi vida *como si* (*als ob*, que se dice en alemán), existiera o no existiera, siendo respetuoso con Él (vaya a ser que exista y se enfade por mi descortesía) y también con los que creen en Él. Cuando leo toda la argumentación —poderosa argumentación— de unos sabios y de otros saco en conclusión que creer en Dios no es una cuestión simple, ni de ciencia ni de inteligencia sino que entra en juego la fe. O crees o no crees. Y podrás orlar esa convicción de argumentos más o menos sesudos o superficiales. Pero al que no cree, a quien no quiere creer, no le podrás ofrecer argumentos de peso desde la ciencia para que le quede claramente demostrada la existencia de Dios.

En este debate milenario sobre si Dios existe o no, hay argumentos muy profundos y otros muy superficiales. Todo depende del nivel cultural de los que debaten. Algunos emplean los clichés que otros sueltan derivados de estereotipos de la inquisición o la leyenda negra mientras que otros debaten de sobre los textos de la patrística, la dogmática o la historia de la Iglesia, sus embates y sus herejías. Es como sucede en una partida de ajedrez: la pueden desarrollar jugadores sin experiencia con movimientos pueriles o maestros del juego que ven ya la partida inexorablemente decidida siete movimientos antes de ese jaque mate.

Entre los que dicen creer podemos encontrar posturas muy diferentes. Desde los fundamentalistas talibanes, más o menos beligerantes e irracionales, hasta personas que a través de su fe ha desarrollado un alto grado de humanidad y de comprensión haciendo de su vida un dechado de virtudes, con una fundamentación teológica profunda. Eso no quita que cada uno en su comportamiento individual sea más o menos crápula porque las pasiones van por otro lado. A veces uno conoce bien la teoría pero pueden más las debilidades humanas. Por eso resulta pobre el argumento *ad hominem* para echar por tierra una doctrina cuando los que dicen seguirla se comportan de manera contraria a ella (v. gr. la pederastia en el caso de algunos eclesiásticos).

De igual modo entre los no creyentes los hay que, sin haber leído nunca ningún texto religioso, repiten como decíamos unas consignas superficiales y propagandistas sobre la Inquisición y los curas, o los musulmanes o la crueldad de Dios que permite el sufrimiento humano, cuando no está jugando al escondite. Gente que se dice atea porque otros les han dicho que Dios es absurdo. Y también los hay que precisamente llegaron a su ateísmo tras haber estado en las sacristías, tras haber cantado misa, tras haber leído numerosos textos de diversas religiones y estar suficientemente documentados para sacar en conclusión que todo lo relativo a la religión es un montaje, un juego vil para negociar con la psicología humana y su temor a la muerte (débiles mentales), una herramienta del capitalismo y del poder político.

Que la fe no sea una cuestión a la que se llega con la mera razón no significa que la fe no sea razonable. Que acercarse a Dios no se pueda hacer con el método científico no impide que debamos indagar cosas acerca de Dios empleando lo que la razón nos pone al alcance. Algunos viven el ateísmo como el juego de descubrir dónde se encuentra la trampa de la religión, como una falacia matemática a la que hay que buscar el error escondido. El ateo considera la religión como un invento del poder para subyugar a los ignorantes y miedosos. Cuando uno se adentra en cuestiones filosóficas, puede llegar a perder la razón (vamos, como le pasó al Quijote con los libros de caballería). Y el que se mete a escudriñar en cuestiones de fe, también puede perder la fe, porque hay que enfrentarse a cuestiones que exigen tensión intelectual al tratar de comprender con una mente humana el proceder del Creador. No es para menos: un ser humano que intenta ver el mundo con los ojos de Dios es fácil que no salga bien parado si no le asiste la gracia, porque el demonio también existe y opera en la desviación de la razón. Cuando el uso recto de la razón no llega hacia Dios muy probablemente es porque la mirada está torcida por las pasiones y la ofuscación de la conciencia, a menudo por el sentimiento. El mundo (la visión mundana), el demonio y la carne (las debilidades de las pasiones) siempre han sido los declarados enemigos del alma.

Eso de la gracia tiene su gracia. Páginas atrás aludimos al personaje de Darth Vader. La saga de *La guerra de las galaxias* está transida de cuestiones morales muy vigentes (por eso es un clásico) aunque en clave modernista, y así habla del "lado oscuro de la fuerza" a lo que antes se llamaba pecado. Pues en esa saga, el equivalente a lo que se llamaba gracia santificante en el plano religioso, es lo que llaman La Fuerza. "Que la fuerza te acompañe" sería el equivalente de antaño de "Id con Dios", o el "con Dios vayáis" que se respondía con el consabido "con Él quedéis". La secularización de los términos en un mundo pagano no es una casualidad, está bien orquestada y dirigida, porque los malos (los malos de verdad, en el sentido moral) son conscientes de que no pueden eliminar el sustrato religioso de la naturaleza humana y de lo que se trata es de desvirtuar los términos acuñados por la teología y la moral y trasladar su contenido a referentes mundanos. Por eso en lugar de gracia santificante que dirige la mirada al Espíritu Santo, se habla de La Fuerza que te hace pensar en Unión Fenosa, por ejemplo.

Cada época de la historia ha expresado su religiosidad de formas diferentes. Las expresiones artísticas de la religiosidad descubren aspectos interesantes de las sociedades a lo largo del tiempo. Incluso muchos ateos ven imprescindible tener una mínima cultura religiosa, cuando menos para comprender las innumerables obras de arte en pintura, escultura, música, arquitectura o literatura que se han inspirado en la religión. Grandes agnósticos han sufrido por el "hecho religioso" como Miguel de Unamuno o incluso algunos declaradamente anti-Dios como Nietzsche reconocen que al menos por un periodo de su vida el tema de Dios rondó por su cabeza. Estudiando historia, se accede a datos que permiten rebatir los estereotipos que nos venden los ideólogos, gente que dice pensar por ti y darte las cosas mascadas para que tú no pierdas el tiempo en leer cosas que no tienen interés porque debes darlas ya por superadas. Te lo dicen ellos, que saben mucho.

Recuerdo hace unos años en un programa de televisión llevaron a varias personas con el objeto de debatir sobre el nuevo Catecismo de la Iglesia Católica. Como buen debate que se precie, debía haber, por supuesto, partidarios y detractores. Fue, lógicamente, hace años, cuando se hacían este tipo de debates, ahora no se plantea llevar ante las cámaras partidarios y detractores de verdad, sólo un pseudodebate para refrendar la tesis oficial. En aquella ocasión, ya mediado el programa, uno de los que estaba hablando a favor del Catecismo y viendo que una de las personas que estaba en contra desbarraba un poco le preguntó si acaso se había leído el Catecismo del que estaban debatiendo a lo cual esa persona respondió airada: "¡Ni mucho menos! ¡Yo no pierdo el tiempo en leer esas tonterías!". Es necesario tener un cierto sentido de responsabilidad y, si le invitan a uno a debatir sobre el contenido de un libro, qué menos que leerse el libro del que se va a debatir. Esta anécdota real sigue bien vigente entre los jóvenes de hoy en día: todo se sabe "de oídas" porque alguien lo ha dicho. No se verifican las fuentes ni las noticias que corren como bulos. Y eso es una gran irresponsabilidad. Ya es paradigmático las *fakes* (noticias corruptas o falsas) que se propagan por las redes sociales como ya hemos aludido. Y mucha gente traga con ellas y repite cosas simplistas, modas sin fundamento, cuando no son calumnias o difamaciones. Enfatizo el consejo que me dio un profesor durante mi doctorado: verifica tus referencias.

Mucho listo que cree en Dios. Mucho listo que no cree en Dios. Distintos grados de convicción en lo que uno cree o deja de creer. Simplistas entre los que profesan la fe del carbonero o entre los que militan en los jacobinos. La importancia de las cosas depende de lo que está en juego. Cuando la diferencia entre creer o no creer en Dios puede tener grandes consecuencias, la importancia de la decisión también lo es. Si no hay apenas diferencia entre creer o no creer, quizá la discusión no tiene demasiado interés. Pongamos por caso que uno cree en Dios pero un Dios que creó todo y luego se desentendió de lo que creo, lo dejó en manos de los hombres, las leyes de la naturaleza, y allá se lo ventilen ellos, que Dios no nos va a pedir cuentas de lo que hagamos o dejemos de hacer. Sería la imagen del Demiurgo de los griegos, el principio que ordenó todo, o el relojero de Leibniz, un Dios que pone esto a funcionar y se desentiende y lo deja luego a la evolución de las leyes de la naturaleza y a la intervención del ser humano. Si ésta es la idea que tenemos de Dios, no tiene demasiada importancia que exista o no, que se manifieste o no, porque parece un Dios ajeno a nuestro comportamiento. El Dios relojero se podría llamar *Big bang* en lugar de Yahvé, Alá o Brahma.

Los ataques dialécticos (y físicos) entre creyentes y no creyentes han sido numerosos a lo largo de la historia. Los argumentos empleados, de lo más diversos. Y esto es porque el Dios en el que creen los creyentes no es un mero relojero sino que es normativo, dice qué hay que hacer para llegar a la vida eterna. Y eso ha sido fuente de conflicto porque quienes no creen, no están dispuestos a que nadie les organice su vida salvo ellos mismos. Porque a un agnóstico no le estorba un dios en el que un creyente quiera creer pero que no se meta en la organización social, que eso es cosa de la política. En algunas religiones, sobre todo en el fundamentalismo islámico, la política se organiza con la norma suprema de la religión[3]. No es este el sitio ni siquiera para pretender un resumen de este conflicto, pero me gustaría animar a los lectores para que reflexionen un poco por esa trifulca y vean que los razonamientos en uno y en otro sentido van de lo más burdos y primarios a lo más elaborado y sesudo. Si ha habido rifirrafes entre creyentes y no creyentes... muchos más y más violentos han sido los encontronazos entre creyentes de diferentes creencias, un argumento que, por cierto, ha servido a los no creyentes para hacer ver que la religión debe ser suprimida ya que es sin duda una fuente de conflictos: el no creyente no se pega con un no creyente por cuestiones religiosas, porque ambos no creen en nada, se pegarán por otras cuestiones. Para ellos, la religión no aporta nada a la sociedad, subyuga al ser humano y sim-

---

3 No es "fundamentalismo islámico", sino que el Corán es un libro religioso-político. En el islam la "regulación" es tanto religiosa como política. Mahoma no sólo era un profeta religioso, sino también un gobernador y un señor de la guerra.

plemente divide y lava los cerebros de los ciudadanos. Y la historia de las manifestaciones artísticas religiosas, las contemplan como meros vestigios de culturas primitivas, como las pinturas rupestres.

Pero si de verdad la religión ha conllevado a lo largo de la historia a tantos enfrentamientos, sobre todo cuanto más fundamentalistas y radicales han sido las creencias, ¿qué ventajas nos aporta creer? ¿Por qué seduce a los creyentes? Aquí pueden ser los ateos quienes nos den las razones de esa obstinación para creer que tienen los creyentes:

-Porque te vende la vida eterna.

-Porque te explica lo que no entiendes con un "es voluntad de Dios", "Dios sabrá por qué" y punto.

-Porque te reconforta espiritualmente ayudándote a aceptar la adversidad, el dolor o el sufrimiento.

-Porque tiene la respuesta a la muerte, nuestra gran incógnita: no puedes soportar la idea de desaparecer por completo cuando mueras.

-Porque hace que pienses que existe una justicia por encima de la terrenal y, al final, el que la hace la paga.

-Porque si muchos santos, o personas ejemplares lo creyeron, debe ser verdad.

-Porque así delegas tus responsabilidades en la voluntad divina (que te llega a través de sus ministros).

-Porque te sirve para manejar mejor eso que llaman incertidumbre, dejándola en manos de la providencia divina.

Lo más potente que tienen las religiones es su fuerza escatológica. Escatológico, según el diccionario, tiene dos acepciones muy diferentes: lo relativo al más allá y lo relativo a los excrementos. No es que el más allá sea una mierda sino que los excrementos se consideran que es el final del proceso digestivo. Y el más allá... lo que está al final de la vida. En el fondo, las personas que no creen en Dios consideran que las que creen son pusilánimes, cobardes e inseguras, muy primarias en sus sentimientos pues la religión es una etapa social que se considera superada en nuestros días. Pero esto, evidentemente, es una opinión extremadamente simple, un estereotipo. ¿Qué hay detrás de un hombre con convicciones religiosas? ¿Miedo? ¿Temor? ¿Angustia vital? ¿Dudas? ¿Necesita el hombre realmente creer en algo sobrenatural? Es cierto que puede ser un buen recurso en el ámbito psicológico, como solución a nuestras incógnitas y remedio a nuestros temores, un bálsamo para nuestras limitaciones. Algunos dicen que si Dios no existiese habría que inventarlo. Éste puede ser el argumento para la afirmación paradójica que mencionamos más atrás: que Dios no ha creado al hombre sino que el hombre ha creado a Dios. Pero de eso trataremos en el siguiente capítulo... porque Dios es un buen invento.

18.- La invención de Dios

En el colegio con frecuencia nos corregían cuando decíamos que Fleming inventó la penicilina. Aunque en la historia de la penicilina la gloria se la llevó Fleming (hubo otros implicados silenciados) lo suyo no fue un invento sino propiamente un descubrimiento. No se inventa lo que ya está ahí sino que se descubre. Colón descubrió un nuevo continente, no lo inventó, ya estaba. Consideramos que inventar significa hacer algún artilugio que no existe como tal en la naturaleza. Los inventores patentan sus dispositivos para que nadie se los copie.

Etimológicamente la raíz de la palabra invención, invento, deriva de *in ventus*, siendo *ventus* el participio del verbo *venire*, lo cual significaría "venir hacia adentro". Por tanto un invento es algo nuevo que viene hacia dentro de uno. Y en el latín clásico el invento es un encuentro.

Acabábamos el anterior capítulo con una frase que sonaba a sorna: si Dios no existiese habría que inventarlo. ¿Inventarlo de fabricarlo? ¿O inventarlo de encontrarlo?

Los seres humanos hacemos las cosas a nuestra medida. Tendemos a ver las cosas desde nuestro centro, con uno mismo como referente principal. El niño sufre un trauma psicológico cuando cae en la cuenta de que sus padres no son los satélites que giran a su alrededor, que él no es el Sol sino que en el fondo es un satélite de sus padres y debe ser él quien esté sujeto a sus padres, a su autoridad. Cuando no es así, cuando el niño no pasa por esa fase de "*desatelización* de los padres", es fácil que se vuelva un tirano. De manera que entra dentro del correcto aprendizaje que sufra ese "trauma": no, nene, tú no eres el centro del universo.

A pesar de este trauma de nuestra infancia, el resto de nuestra vida seguiremos aplicando la óptica personal para enjuiciar las cosas que nos vayan sucediendo. Es que no puede ser de otro modo: a ver, qué criterio vamos a emplear si no es el que cada uno tiene. En todo lo que hacemos o vemos, en todas las situaciones, aplicamos el juicio con los condicionantes sociales que nos han rodeado, con sus ventajas y sus limitaciones. Uno se sorprende cuando viaja a Japón y en las tiendas venden los mapamundis con Japón en el centro y España allá en un extremo. Claro, allí los japoneses están en el centro y los demás países más o menos escorados. El ingenio de los japoneses, hasta su bandera es un puntazo.

El etnocentrismo es la actitud que lleva a enjuiciar los comportamientos de otras culturas desde el prisma de nuestra propia sociedad y cultura, casi siempre situándonos en una posición que creemos que es más elevada o evolucionada. Los nacionalismos extremos serían expresión de ese etnocentrismo. En un argot más coloquial sería "calarse la boina hasta las cejas", es decir, hacer juicios con mentalidad pueblerina. Los seres humanos entendemos las cosas según los modelos que nos han inculcado en el seno de la familia o de la sociedad, dentro de un proceso de enculturación. En la sociedad medieval europea, por ejemplo, era excepcional que alguien cuestionase la existencia de Dios porque Dios estaba presente en todas las actividades de la vida. Alguien podría estar más o menos de acuerdo con las opiniones que se tenían de Dios o con su modo de proceder (o con el modo de proceder que se le atribuía, claro) pero era un hecho del que difícilmente se podía uno escapar mentalmente. Al mismo tiempo, por entonces, en el aún no descubierto continente americano, se practicaban otros ritos sociales marcados por sus creencias religiosas. Había cultos diferentes relacionados con animismos o deidades irascibles a las que había que tener contenta con sacrificios para que la naturaleza no se desatase. El concepto del Dios cristiano allí no se tenía. Ellos vivían sin el Dios europeo y nosotros en Europa sin sus tomates ni sus patatas. Y vivíamos. O sea que imprescindible no parecía que fuese eso de que Dios sostuviese el mundo. O acaso lo hacía en todo el orbe, y ni en un extremo ni en otro nos percatábamos de ello.

Cuando suelto pedradas al pensamiento de jóvenes y mayores para que se pronuncien acerca de si creen o no en un ser sobrenatural suelo recurrir a los diagramas de flujo que desarrollaba cuando comencé con programación de ordenadores. Eran los tiempos del BASIC... ya ha llovido desde entonces. Para programar un ordenador, en los algoritmos de decisión había que hacer preguntas de Sí/No, no se admitían cuestiones que pudiesen ser contestadas con un "Depende" o "Puede que sí", porque entonces el ordenador se perdía. Siguiendo este proceder, como un diagrama de flujo, apliqué la rutina al tema de la existencia de Dios con tres cuestiones, cada una de las cuales se situaba dentro de un rombo del que salían dos conectores desde ángulos contiguos y uno era la respuesta del Sí y el otro del No. La primera pregunta que hacía era la que hemos estado tratando aquí en las últimas páginas:

1. ¿Existe Dios?

No se trataba de intentar forzar que el ordenador "pensase" esta cuestión objeto de tantos debates a lo largo de la Historia y ante la cual, ya lo he dicho, no cabe más opción que decantarse por lo que uno crea más probable o su fe le permita. La respuesta a esta pregunta condiciona la marcha posterior del programa, pues si la decisión tomada es que NO, entonces la flecha iría hacia una subrutina que vendría a decir "Organízate la vida como puedas y quieras". Y ahí tendrías que analizar las diferentes corrientes filosóficas, desde el estoicismo o el epicureísmo, pasando por el materialismo dialéctico o el positivismo para, quizá, finalmente adoptar una moral kantiana que establece su imperativo categórico que, aunque tiene varias formulaciones, podría quedarse en la siguiente: "obra de tal manera que tu forma de actuar se pueda proponer como norma a seguir por todos los demás ciudadanos"; en el fondo traduce eso de "lo que no quieras para ti, no lo quieras para nadie". Y bajo esta opción, la conducta también debe regularse en el ámbito que permitan las leyes civiles. Las leyes civiles dependerán de un convencionalismo social.

Es importante pararse un minuto en este punto porque, así como los que no creen ponen sus objeciones a los que creen, los que creen también tiran sus puyas a los no creyentes alegando que la no creencia en ningún dios les convierte en amorales y en personas con tendencia a ser despiadados porque no creen que tengan que rendir cuentas a nadie de sus fechorías. Es posible que así sea, pero existen muchas personas que no creen en nada sobrenatural y sin embargo mantienen una conducta social ejemplar y solidaria, quizás fruto de una madurada filantropía, o bien en la convicción de que en esa conducta ética de no hacer mal a los demás reside en buena parte la garantía del bienestar social. El entendimiento entre las personas para poder convivir en paz requiere una cierta ordenación social que normalmente queda en manos de la política. Y la política, como sabemos, hace alarde desde hace siglos de poder organizarse sin precisar de Dios para nada.

Cuando a la primera pregunta, esa cuya respuesta casi elige uno al azar (el salto en el vacío que decía Soren Kierkegaard, padre del existencialismo) contesta con un SÍ, entonces la conexión ha de ir necesariamente a un segundo rombo que contiene otra pregunta.

2. ¿Se ha revelado?

Nuevamente se trata de una cuestión dicotómica. Si optamos por un NO, entonces a efectos prácticos es como si hubiese contestado que NO a la primera pregunta. Porque un Dios que existe pero que no ha dicho nada para mí tiene tanta trascendencia como elucubrar acerca de los habitantes que hay en un planeta de la galaxia de Orión. Tanto si existen como si no, tales hipotéticos habitantes tienen poca influencia en mi vida. Y probablemente nunca la tendrán. Por eso es curioso encontrar gente que no cree en Dios pero sí en la vida extraterrestre, algo de lo que aún no tenemos certeza por más que se hable por doquier de avistamientos o abducciones: vienen a ser como los milagros, si quieres los crees y si no, no. En definitiva un ser que existe pero no se manifiesta, es como si no existiese y todo lo que podamos decir de él serán meras especulaciones trufadas de notas más o menos originales de imaginación o creatividad. En este NO vienen a situarse un gran grupo de agnósticos que no ven improbable que Dios exista pero que, de existir, anda demasiado ocupado como para prestar atención a este grupúsculo de seres diminutos y nerviosos que somos los seres humanos. El agnóstico concede a Dios la posibilidad de que exista, no le repugna a su razón, pero no entiende que sea un Dios que juega al escondite y que permite el mal, la injusticia y el sufrimiento... y, sobre todo, que no dote a la razón humana de más elementos para poder conocer con certeza su existencia. Vamos, de los que en el día del juicio final se encararán con el pantocrátor y, en jarras, le dirán: "Pero, Señor, ¿dónde narices estabas? A ver si encima me vas a hacer responsable de no haberte encontrado". Ante Dios no vale ponerse chulo, Dios sabe el esfuerzo que cada cual puso en ello.

Si la respuesta a la segunda pregunta es que SÍ, entonces el conector ha de ir necesariamente a una tercera cuestión de la que ya no van a salir dos ramales sino... innumerable. Si Dios existe y se ha revelado, la tercera y crucial cuestión es:

3. ¿Qué ha dicho?

De esta cuestión como vemos penden infinidad de respuestas, pues a lo largo de la Historia son muchos los que se han arrogado ser mensajeros de Dios. Aquí es donde comenzó el negocio de la espiritualidad, aquí se encontró la solución al anhelo de eternidad, de vender la vida eterna, esa ansia por perdurar en el tiempo, por prolongar la existencia hasta el infinito y más allá. Aquí es donde precisamente se organiza todo el mejunje, donde se lidian las batallas. Hasta que no irrumpe en la Historia la idea de un Dios único y celoso, no surgen las bofetadas entre los seres humanos por cuestiones religiosas. En todas las doctrinas se levantan los profetas que exigen sumisión y respeto a sus creencias. Y claro, los que no quieren creer pues se quejan y protestan. Fanáticos y convencidos a ultranza buscan el sometimiento de la razón de los demás por la fuerza, con violencia, generando un descrédito mayor entre los no creyentes. A mí, como creyente, a la vista de estas trifulcas históricas, no me extraña —aunque no la comparto— la petición de los ateos de prohibir la religión. Lo entiendo, porque a mí, que no soy seguidor de ningún equipo de fútbol, a la vista de las tanganas que se montan y del negocio que hay detrás, tampoco me parecería mal que se suprimiese la liga de fútbol. ¿Acaso importa mucho que un equipo de fútbol gane más partidos o meta más goles que otro? O sea, ¿puede y debe una religión forzar a que todo el mundo crea en ella? Tema para simposio.

Si en el proceso del algoritmo hemos ido hasta la tercera cuestión, nos hemos metido en un serio problema, una espeluznante aventura, pues descubriremos aspectos del ser humano que oscilan entre el sectarismo y la santidad, de la indiferencia (que es más fría que la crueldad) al amor, del egoísmo y narcisismo hasta el desprendimiento y la austeridad más extrema. En la búsqueda de lo que haya dicho Dios lo que más vamos a encontrar, con diferencia, son toneladas de libros con lo que otros han dicho que Dios ha dicho. Aproximaciones más o menos interesadas o acertadas. Pero si uno quiere realmente saber lo que Dios ha dicho ha de ir a las fuentes y al origen, no a los comentadores. Los que hacen comentarios... pueden o no hacer interpretaciones correctas, pero en mi experiencia más del 90% desbarra. Sucede lo mismo en el terreno de la ciencia: la Medicina se nutre de constantes publicaciones que dicen ser científicas y más del 90% de lo que se publica es insulso, interesado, viciado, sesgado desde el punto de vista metodológico o directamente falso. Y pasa por ser "ciencia". Por tanto en esta vida es importante entrenar el sentido crítico de lo que uno lee. Cuanto antes mejor.

En las diferentes religiones hay una serie de preceptos que, según dicen los que las profesan, emanan de la voluntad de Dios. ¿Es lo que Dios quiere realmente o es lo que sus ministros y mensajeros quieren que creamos? ¿Dónde está el verdadero mensaje que Dios transmite a la humanidad, si es que ha transmitido alguno con la cantidad de cosas que tiene que hacer para gobernar el universo? Este análisis lleva toda la vida y de hecho ha ocupado la vida entera de muchos que nos precedieron, así que me temo que tampoco vamos a poder dar la solución al problema en este libro. Pero si uno llega a este punto del diagrama de flujo, si realmente ha evolucionado hasta aquí, ya se ha producido el invento de Dios, ya ha venido Dios a preguntar dentro de uno, al menos como una nebulosa oscura, como una posibilidad de existir y con repercusión para su existencia. *Ecce sto ad ostium et pulso...* (Ap 3, 20).

19.- Objetivo: objetivar lo subjetivo

Para que algo exista hace falta algo más que la mera posibilidad de existir. Decíamos que un agnóstico puede mantenerse cómodo en su postura porque no niega que Dios pueda existir pero de hecho considera que no puede decantarse racionalmente por su existencia, como tampoco negarla. El agnóstico se sitúa en el punto preciso de quien no puede emitir un juicio, en la duda. La razón no le da certeza de que exista Dios, pero tampoco puede con la razón llegar a negar su existencia. Son, sobre todo, los sentimientos los que pueden hacer que esa balanza se incline más hacia un lado que hacia el otro. Pero los sentimientos están en el ámbito de la subjetividad, de lo que a mí me parece, de lo que me hace sentir.

Lo que en el mundo del conocimiento introdujo la sospecha acerca de la posibilidad de alcanzar la verdad fue la conciencia de la subjetividad. Subjetividad es lo que depende del *subjectum*, del sujeto que es el que está debajo, de la forma de ver las cosas de cada uno. Lo que está frente a uno es el *objectus*, el objeto. Hasta Descartes, el ser humano no se planteaba que sus sentidos le engañasen, pues en el triángulo perfecto cuyos vértices son Dios-Hombre-realidad, se ponía a Dios como garante de que nuestros sentidos percibían la realidad sin engaño.

Al prescindir de Dios en este acto de conocer, ¿quién garantiza que las cosas sean como las vemos? La imposibilidad de conocer la cosa en sí, lo que es realmente, hace que nos conformemos a lo sumo con una imagen de tal que nos hacemos en nuestra mente, lo que Kant llamó noúmeno, a partir de las manifestaciones, de sus fenómenos. Esto pone las bases al relativismo cultural porque al fin y al cabo las cosas son como son… porque nos las contamos como nos las contamos: son como la mayoría dice que son o como la opinión pública o la prensa determina que sean. Con arreglo a esos parámetros debemos forjarnos una idea de lo que las cosas son, por aproximación, por consenso, lo que determine la mayoría. Queda arrogante y de mal gusto apropiarse de las conversaciones con un rotundo "yo sí que sé…" como desautorizando las opiniones de los demás, o como situando éstas con un grado inferior de verdad (o utilidad). Queda mal y prepotente, incluso… aunque efectivamente esa opinión que se tiene sea la más valiosa o acertada. Pero la vehemencia se tolera muy mal, por cuanto supone, aunque sea tácitamente, una humillación a las opiniones de los demás. Y en una sociedad que ha renunciado a conocer la verdad, lo que se acepta como tal es lo que la mayoría, abducida por los medios de comunicación, ha aceptado como verdad.

Con esto quiero constatar algo que parece poco educado decir, aunque todo el mundo sabe que es cierto: no todas las opiniones tienen el mismo valor. En un mundo que hipertrofia la democracia con eso de "una persona, un voto" dando a entender que las elecciones de cada uno pesan por igual, hay que decir que no, que no todas las opiniones son igual de sopesadas, sesudas y relevantes. Tampoco se hace la realidad por consenso o por mayoría. El rey iba desnudo aunque sólo un niño se atrevió a decirlo. Y una persona no tiene una neumonía porque nueve de cada diez personas interrogadas en la calle tras oírle toser así lo afirmen (quizás el que disiente es su médico que le ha auscultado y realizado una radiografía del tórax).

Desde la irrupción de la modernidad en la historia del pensamiento se ha dificultado mucho la posibilidad de hablar y de entenderse. Todo se ha puesto en tela de juicio. No es del todo malo esa exigencia de rigor y de hecho la estoy demandando cada vez más sobre todo en el ámbito semántico: sentarnos a discutir qué significa cada término para cada uno que lo emplea, para ver si estamos hablando de lo mismo o de cosas diferentes. Cada cual asume que la norma suprema de comprensión es su propio intelecto: es mi criterio, y punto. Si yo no llego a entender las derivadas o las integrales, esos cálculos no existen (al menos para mí que no los comprendo). Pero esa actitud de duda ha propiciado la proliferación de teorías sociológicas, y exigía a la vez un consenso para ordenar la convivencia para que esto no fuese la ley de la selva. El idealismo absoluto de Hegel le lleva a concluir que la realidad es como él la piensa y que si no es como él la piensa, tanto peor para la realidad. Era necesario establecer unas normas elementales de convivencia, consensuadas para que nadie se crea más que nadie (aunque lo sea).

Abandono el arranque filosófico de este capítulo para retomar lo que me ocupa en este libro. Lo que se persigue es instar a las mentes adormecidas (incluso las que nunca se han despertado) a que consideren la posibilidad de que Dios exista y lo que eso significaría para sus vidas. Cualquier realidad a la que deseemos acercarnos y estudiar conviene hacerlo de forma tangencial porque cuanto más cerca estemos de ella, más notaremos que se nos escapa. Es algo así como el principio de indeterminación de Heisenberg, cuando nos aproximamos a estudiar el fenómeno ya lo estamos alterando en su esencia. Ponemos en el objeto de estudio los prejuicios que llevamos dentro, nuestro lastre cultural. Cuando nos acercamos a estudiar a Dios, casi es mejor hacerlo por el lado oscuro, por vía negativa, por lo que no es, ya que por vía positiva corremos el riesgo de antropomorfización. En este punto puso el dedo en la llaga un filósofo anterior a Sócrates llamado Jenófanes de Colofón:

"Los etíopes sostienen que sus dioses son chatos y negros y los tracios que tienen azules los ojos y son rubios como ellos. Pero es que si los bueyes, caballos y leones pudieran tener manos y pintar con ellas como los hombres, los caballos pintarían a sus dioses como caballos y como a bueyes los bueyes".

Si uno pretende acercarse a conocer cómo es un ser eterno e infinito, resulta complicado desde los presupuestos y coordenadas espacio-temporales limitadas en las que nos movemos. De hecho, a muchos de los que lo han intentado se les ha soltado algún que otro tornillo. Porque como decíamos, meterse en los terrenos de la fe puede hacerla tambalear. Y uno sale fortalecido o derrumbado de esas lides. Acaso porque la lectura de la Biblia podía ser fuente de desviaciones teológicas, la Iglesia durante siglos vetó su lectura en parte a los feligreses, para evitar que cada cual la interpretase a su antojo. Y también escritos de grandes Padres o Doctores de la Iglesia han estado incluidos en el *Index* de los libros prohibidos. Desde su creación en Trento en 1564, el *Index* contó con más de cuarenta ediciones, la última en 1948 y estuvo vigente hasta su supresión en 1966. No sé si fue porque ya se olía que vendría internet y todo el mundo tendría acceso a todo, o porque la gente ya no leía en absoluto. Lo cierto es que quizás si se volviese a editar un catálogo de libros prohibidos... la gente los leería más, porque hay que ver lo que atrae lo que está prohibido. Basta recordar lo que pasó con el único árbol del que Dios prohibió comer a Adán y Eva.

Acercarse a ver qué cosa puede ser Dios es tan atractivo como peligroso. Lo digo a efectos de que quien desee iniciar esa aventura se pertreche de buenas provisiones y vaya con el ánimo abierto porque puede encontrar cualquier cosa. Algunos rechazan el desafío sin iniciarlo por temor a que "le coman el coco", porque ya sabemos los lavados de cerebro que las sectas pueden llegar a hacer. Pero también caminar por un camino recto lleva a encontrarse con Dios cara cara... y la Biblia hace mención en numerosas ocasiones de cuán terrible es para el hombre el ponerse cara a cara con el Creador: lleva a hincar la rodilla y apartar la vista por el fulgor de su rostro.

Lo primero en cualquier singladura es soltar amarras, liberarse de los prejuicios, los clichés y los estereotipos, lo que otros te han contado o lo que se mueve en el círculo de las redes sociales o el periodismo. El periodismo es, dicen, un océano de conocimientos... de un centímetro de profundidad. Y sin calado suficiente, sin aguas profundas, uno se queda encallado y no avanza. Si todo lo que sabes de Dios es lo que te han contado o leído en la prensa, serás como aquella que fue a debatir sobre el Catecismo sin habérselo leído, sólo sabía de ese libro por referencias de otros. Es evidente que hay que navegar con las cartas de navegación, las rutas trazadas, sabiendo orientarse por las estrellas, tener conocimientos meteorológicos que anticipen las galernas... en fin, artes de navegación que en el terreno que nos ocupa equivale a haber aprendido a desarrollar una lectura crítica. No pasa nada por leer lo que otros han escrito acerca del tema pero cotejando lo que dicen con lo que opinan los que piensan diferente, oyendo los argumentos en uno u otro sentido, las afirmaciones y las refutaciones. No todo tiene igual peso, igual fuerza racional. Con ello cada cual debe sacar su síntesis, unas conclusiones... Pero ni siquiera esas conclusiones serán definitivas: serán las mejores que te parecen en ese momento y que deberán ir enfrentándose a otras para probar su tenacidad, su consistencia. De hecho, para filósofos como Karl Popper, no puede haber enunciados definitivos en ciencia pues la ciencia es una disciplina que se está haciendo constantemente y cada problema resuelto te traerá de la mano numerosos problemitas, hijos que te tendrán ocupado el resto de tu existencia.

Ni las ciencias exactas son tan exactas como se creía que llegarían a ser en el origen del positivismo. Con todo, es lo que hoy en día tiene el mayor estatus de certeza, sólo superado por los rumores y las estadísticas. En este mundo de rumores, ¿tan inoportuno resulta traer a debate la existencia de Dios? Personalmente no me parece ni me pareció nunca una cuestión baladí ni superada. Aunque sólo fuese desde una perspectiva de fenómeno social, histórico, la influencia de la religiosidad en las civilizaciones y culturas merece una atención que está por encima de muchas modas. Otra cuestión es que pueda herir susceptibilidades o levantar ampollas. Pero también surgen discusiones agrias, incluso violentas, al hablar de fútbol o de política. Independientemente de que lleguemos o no a un acuerdo, siempre me resulta interesante saber qué opinión tienen los demás de Dios. La mayoría de las repuestas que consigo son "consecuencialistas" y derivan de eso, de las consecuencias de asumir una premisa: "Es que si Dios existe, entonces no entiendo… (el mal, el sufrimiento, la injusticia, que no se vea que actúe…)". O viceversa: "Es que si Dios no existe, entonces no me explico… (el orden cósmico, la biología, el sentido de la vida…)". Se diría que el recurso a Dios es una petición de principio para el análisis de las consecuencias y de estas reflexiones unos deciden que todo funciona mejor sin Dios y otros que esto no se explica si Dios no está presente.

Si nos vamos a posturas no tan radicales como la de Hegel y aceptamos que las cosas son como son con independencia del grado de conocimiento que nosotros tenemos de ellas (las cataratas de Iguazú son como son, aunque yo no haya ido a verlas, y como ésas, otras muchas cosas que están en el mundo), podemos establecer un diálogo, un intercambio de opiniones, cada una de ellas subjetiva porque cada una viene de un sujeto. La tentación y el error sería pensar que lo objetivo lo creamos todos por consenso. Puesto que la realidad es esquiva, tiene numerosas facetas y se hace incognoscible en su totalidad por un individuo, aceptemos que lo objetivo es... lo que diga la mayoría que es, construyamos la realidad "entre todos". De este modo, todos contribuimos a forjar la verdad o ésa es la impresión que nos da. La verdad a la que no llegamos parece que la situamos en el punto equidistante de todas las opiniones de los que tengan algo que opinar, por consenso. Aquí subyacen varias falacias. La primera es pensar que la verdad se sitúa equidistante de todos los seres que piensan. Y no es cierto porque no todo el mundo piensa por igual, con la misma profundidad. Es otra circunstancia donde opera la denostada discriminación: no todas las personas razonan de la misma manera ni con la misma sensatez. Y decir que hay gente más sesuda y erudita y otros más primarios o incultos no es denigrar a nadie siempre y cuando mantengamos el estatus de persona. No todos somos iguales en la manera de razonar y el que no lo reconoce así es porque le falta criterio para apreciar la diferencia o le sobra deseo de ecuanimidad y condescendencia.

En general, en esta diversidad me encuentro cómodo. Porque escucho los comentarios y opiniones más variopintas de gentes de todas las profesiones y nivel cultural. Es una forma de ir remozando constantemente las opiniones que voy consolidando y que creo que efectivamente no son inamovibles, porque el tiempo me ha demostrado que mis convicciones se han ido modificando al crecer, al tener nuevas experiencias, al conocer las experiencias de otros. Aprender a ver la realidad con los ojos del que tienes enfrente, tratar de ver las cosas desde su punto de vista, ha sido desde siempre uno de mis objetivos. Desde mucho antes que Daniel Goleman escribiese acerca de la inteligencia emocional, yo la venía practicando sin saber que le pondría ese nombre. Pero esa doctrina abrió las puertas a otras formas de introspección, de mecanismos para estimular la empatía como el llamado *mindfulness* y otras disciplinas que en definitiva muchos autores habían plasmado con la idea de "ponerse en los zapatos del otro".

A los médicos en la carrera nos hablaban de generar simpatía con los pacientes pero nos decían que no empatizásemos con ellos, porque la empatía suponía una merma en la objetividad (¿es posible la objetividad?) a la hora de tratar al paciente a la vez que podía ser un punto por el que se colase en nosotros el dolor o la aflicción ajena y nos la llevásemos a casa. Y eso no podía ser, debíamos ser fríos, hieráticos, distantes, mantener esa barrera o escudo entre el paciente y nosotros que protegiese nuestro corazoncito. Cada médico sabrá en qué medida sigue esa recomendación. Un médico en su profesión está muy cerca del sujeto, está encima de sus preocupaciones más importantes, está próximo a lo más humano que hay en los humanos. Y en medio de esa relación es fácil que los pacientes saquen el tema de la trascendencia. En mis años de ejercicio, creo que nunca he sido yo quien lo ha mencionado, ni siquiera sugerido. Algunos te preguntan si crees en los milagros o si los haces. Quizás porque van buscando uno. Otras veces tienes que hacer frente a berrinches por lo dramático de una muerte prematura. En ocasiones de ese tipo… a veces el silencio es lo más elocuente y siempre parece más respetuoso que un mero encogerse de hombros.

20.- Un negocio de riesgo

Te venden la vida eterna. Los comerciantes de espiritualidad te dicen que tienen la clave de la puerta que conduce a la salvación eterna. Ya sólo con prometer lo eterno (eterno como duración sin fin en el tiempo les valdría, aunque ya expuse que para mí lo eterno no es el tiempo sin fin sino el no-tiempo) les daría igual que la puerta llevase al paraíso o al infierno. Porque el infierno también es para la eternidad. De hecho, ha habido artistas famosas que han hecho apología en televisión de que al morirse preferirían ir al infierno en lugar de al cielo, porque según su parecer, la gente más divertida debía estar en el infierno y en el cielo sólo vería beatorros rezando rosarios sin parar. Caricaturas sin más de lo que no alcanzamos a entender. Creo yo que si de verdad uno considera la posibilidad de que exista una vida más allá de ésta, debería mostrar cierto interés en averiguar cómo debe ser y si todas las puertas valen por igual para llegar a un destino dichoso.

Prolifera en la mentalidad del siglo XXI la idea del laico-agnóstico bueno. Ya hemos dicho que por supuesto una persona puede ser caritativa y bondadosa, honrada y justa, servicial y amable sin necesitar convicción religiosa alguna. Siempre se añade, "y acaso más que un cristiano de misa de domingo y golpes en pecho" que es un hipócrita y un saco de vicios. De hecho, siempre ha resultado atractivo para la literatura la figura del individuo que aparenta fe y vida interior pero sus actos son viles y despreciables. Sin ir más lejos, las noticias que todos los días ocupan algún titular de la prensa sobre eclesiásticos pederastas. El haberse "apuntado" a una religión no te garantiza el paraíso. Y, dicho sea de paso, ni mucho menos no todas las religiones son iguales, más que para llenar ese espacio común que se ha dado en llamar el hecho religioso como dimensión antropológica del ser humano. Porque guste o no guste, la necesidad de unas creencias religiosas es más frecuente en la naturaleza humana que su contrario, por más que se le quiera sacar punta a este hecho novedoso del ateísmo (novedoso en el conjunto de la historia de la Humanidad) presentándole como el grado más avanzado de la raza humana, donde el ser humano ya emancipado y adulto puede prescindir de la figura del Creador.

Creer es un riesgo. Puedes equivocarte a la hora de elegir en qué creer. No creer también tiene sus riesgos, y no sólo en el caso de que te encuentres tras la muerte con lo que no creías que hubiese. No creer, en esta vida te deja a la intemperie, suspendido en el vacío cósmico, perdido en el universo. El no creyente ante esta consideración se sonríe y piensa: "ya, y por esa sensación angustiosa tengo que hacerme una figura de alguien sobrenatural que apacigüe mis temores, una alcayata de la que colgar mi vida para que no esté suelta... eso es una debilidad psicológica propia de mequetrefes y pusilánimes".

Si es posible que esté en juego una vida eterna, tan sólo considerando la posibilidad de que la haya, ¿no merece la pena dedicar un momento a ver las posibles implicaciones? Aquí podemos volver entroncar con la teoría de juegos que guarda relación con el famoso dilema del prisionero en sus numerosas variaciones. El objetivo del prisionero es salvarse y ha de hacerlo con preguntas y, atendiendo a las respuestas de sus carceleros, deducir cuál es la puerta que le puede llevar a la salvación. En ocasiones no se pueden hacer preguntas directas sino trabajar sobre supuestos. En ciencia también se hace, por ejemplo, en las demostraciones por reducción al absurdo. Se parte de un supuesto provisional, de algo que se da por supuesto, y se sigue en el desarrollo para ver si el resultado es coherente o absurdo. Es un método que puede parecer una petición de principio pero no es, como éste, una falacia.

Comience usted con un: "Supongamos que Dios existe…". Y ya sólo ante este supuesto, cientos de pegas y objeciones. Vea si se pueden refutar superando los estereotipos que repiten quienes no han leído nada acerca de Dios. Lo primero que haríamos es tratar de buscar los atributos de Dios, lo que más le definiría, asumiendo que muy probablemente se va a topar con un Dios que abarca más allá de lo que cabe en la cabeza humana. Para muchos racionalistas, tan sólo este argumento ya zanja el debate: porque si el objeto que persigo no va a caber en mi cabeza, punto y final a la discusión: a mí sólo me vale lo que entra en mi cabeza. Y si tiene la suerte de encontrar una persona que le solventa todas las dudas acerca de Dios, sepa usted que ese tampoco ha comprendido completamente a Dios.

No está mal, llegado a este punto, encararse un poco con Dios. Total, si Él nos ha creado, si es Él quien nos ha dado inteligencia para llegar a su conocimiento, encima no nos va a pedir responsabilidades por no haberle encontrado, que nos hubiese dado más cabeza o que se hubiese hecho más visible, ¿no? Habrá que asumir que, aun sin llegar a poder meter a Dios en nuestra cabeza, algo sí podremos acercarnos a lo que es, a conocerle, si es que se ha revelado.

El Dios en el que creer, ¿es el de cualquier religión? ¿Vale por igual el dios de cualquier creencia? ¿Es equivalente el dios de las tres religiones monoteístas, Yahvé, Jesucristo, Alá? ¿Es el mismo que los hindúes llaman Brahma o cualquiera de los moradores del Olimpo? No vaya a ser que decidiendo por fin creer, encima escoge la opción equivocada. Ante un negocio de riesgo, hay que leer la letra pequeña. Y desde mi punto de vista no queda más remedio que asomarse al mercado a ver qué ofrecen los comerciantes de espiritualidad. Descubriremos normativas de vida y conducta, hábitos saludables, consejos de comportamiento y hasta clases de yoga. Códigos éticos, filosofías morales, sabiduría para la vida cotidiana, reflexiones para apaciguar el alma, frases sabias... Pero el único que ofrece la vida eterna, aparte de una vida terrenal dichosa que es lo que se pretende con todas las filosofías del espíritu, es Jesucristo, una figura histórica que surgió en tiempos del emperador romano Augusto y de la cual tenemos más documentos de su existencia que de Julio César. Que Jesús de Nazaret existió existen pocas dudas. Sus enseñanzas plasmadas en los evangelios pueden ser consideradas como un mensaje filosófico o como una declaración de que Él es Dios e Hijo de Dios. Luego, para creer hay que leer y acercarse a esa figura que inició la Era Cristiana, a ver si realmente es el Señor de la Historia, el dueño del tiempo, el Intemporal, el Eterno. Porque dicen que murió y resucitó... Y este es el punto más violento del discurso: porque de su muerte hay constancia en las actas romanas de que lo ajusticiaron colgándolo de un madero pero de su resurrección... acaso un bulo que propagaron los discípulos y ahí comenzó el negocio.

Al considerar la evolución del cristianismo me he dado cuenta de lo mal que lo han hecho bastantes vendedores de espiritualidad a lo largo de la historia. Usando y abusando del temor, el sentimiento de culpa, de pecado, de necesidad de redención, el miedo al castigo eterno, o hipertrofiando de manera tan empalagosa la dicha eterna llegaron a hacerla detestable. Olvidaron que la esencia del cristianismo es el amor. A veces los predicadores han hecho un pobre servicio a la fe desde la prepotencia, arrogándose el "Dios es lo que yo digo que es Dios", haciendo creer que para ir a la dicha eterna debías pasar las de Caín en esta tierra, colgando cadenas y pesados fardos —en definitiva como Jesucristo echaba en cara a los fariseos en su tiempo— sobre los hombros de la gente para hacerles ver que eso era voluntad de Dios. Así las cosas, lo de creer era para masoquistas.

Una breve consideración para el castigo eterno, el infierno, esas llamas que no se apagan, inextinguibles, al que están abocados los que no creen (o creen mal, cuidado). Vamos a ver desde la fe, si te equivocas, al infierno. Pues, hala, me planto y no juego. Entre los teólogos y estudiosos de esas cosas que se llaman postrimerías hay permanentes debates acerca de si el infierno existe o no y, de existir, cuántos fuegos tiene encendidos. Las posturas de la Iglesia Católica al respecto se han ido dulcificando y han pasado de *gehenna* para todos hasta que aquello está vacío o que simplemente no hay tal infierno. Desde mi punto de vista, la existencia del infierno es necesaria si se cree en la vida eterna y que hay un ser superior que, al tiempo que te dota de libertad, garantiza la inmortalidad del alma. Y es necesario el infierno, porque a algún sitio tendrán que ir los que no quieran ir al cielo. ¿O va a llevarlos Dios a su lado contra su voluntad? Bien podría si es Omnipotente, pero ¿no estaría con ello violentando la libertad de los que no quieren pasar la eternidad a su lado? Visto así, el infierno es necesario que exista si queremos garantizar la libertad del ser humano, la opción de los que no quieren estar con Dios. Esto tiene que ver con eso que Jesús dijo que el único pecado que no se perdona es el que se comete contra el Espíritu Santo (cfr. Mt 12, 31-32).

No todos los taumaturgos ni profetas ofrecen la vida eterna, ese elixir de la eterna juventud, la dicha por la que no pasa el tiempo. Quizás al asomarse a esta doctrina como por un juego, una curiosidad, usted descubra que tras el mensaje del evangelio sí puede haber palabras de vida eterna (cfr. Jn 6, 68) porque la figura de Jesucristo es tan atractiva como inabarcable por sus hagiógrafos, con buena o mala intención. Sucede en ocasiones que intentando explicar su mensaje, lo han apañado a su gusto traicionando el verdadero sentido, tergiversando la misión de redención que traía Jesucristo. Lo denunció siglos antes el profeta Jeremías: "Maledictus qui facit opus domini fraudulenter" (Maldito el que hace con fraude la obra de Dios, Jer 48, 10). No faltan voces que consideran que aquel mensaje que vino a traer a la tierra el Hijo de Dios se ha ido modificando y ya poco o nada tiene que ver con el que predica la Iglesia Católica (ni la anglicana ni la ortodoxa…).

Resulta interesante a este respecto traer a colación los experimentos que se han llevado a cabo sobre la transmisión de un legado: como en el clásico juego de los disparates, uno le va diciendo algo al oído del que tiene al lado sin que los demás en la cadena le oigan y a su vez le pasará el mensaje al que tiene al lado y así sucesivamente… de manera que el que recibe el mensaje al final de la cadena se lo grita al del principio… y lo que el último entendió no tiene nada que ver con lo que el primero dijo. Lo hemos visto también en esa fila de jóvenes en la que el último hace ante su compañero de delante una representación sin palabras como si arrancase una moto, se pusiese el casco, y se diese una vuelta inclinándose en las curvas… todo en apenas 20 segundos. Esa representación debe transmitírsela al compañero que tiene delante y que por supuesto no ha visto la primera representación. Y así sucesivamente. Cada cual transmite a su sucesor lo que ha entendido de la representación. Antes de 20 transmisiones, lo que comenzó siendo un paseo en moto se representa como lo que sería darse una ducha o un baile de discoteca. Existe, por tanto, un riesgo evidente de que el mensaje original se desvirtúe con el paso del tiempo. De hecho, el mismo Jesucristo lo advirtió: "Cuando vuelva el Hijo del Hombre, ¿encontrará fe en la tierra?" (Lc 18, 8). Y muchos ven en la apostasía general uno de los signos de los últimos tiempos. Si en estas circunstancias uno conserva un atisbo de fe, a pesar de los curas, es que su fe es más fuerte de lo que cree. Como decía Karl Rahner, los cristianos del siglo XXI o serán místicos o no serán. Digamos que todo apunta a que en lo que queda de historia, hay que aprender a ser un poco autodidacta porque parece que van a escasear los buenos pastores. Son buenos tiempos para falsos profetas y demás cantamañanas vendedores de espiritualidad.

Éste es el punto que dejo para la consideración del lector. Aquí es donde se decanta la humanidad en ese dilema: creer o no creer. Siempre me llamó la atención que en la quietud del cenáculo Judas (no el Iscariote) le preguntase a Jesús lo que yo le hubiese preguntado si hubiese estado allí: "Señor, ¿y qué ha pasado para que te manifiestes a nosotros y no al mundo?" (Jn 14, 22). Es la pregunta clave y capital alrededor de la cual gira este debate: ¿por qué algunos creen en ti y otros no? ¿Por qué te manifiestas a unos y no a otros? Y la razón que da

Jesucristo parece una evasiva, pero si la lees una y otra vez, descubrirás que no es un salirse por la tangente sino que da respuesta exacta a la pregunta. Una respuesta, si la lees, que entronca con la esencia misma de Dios.

Las razones de Blaise Pascal son más pragmáticas pero van en el siguiente capítulo. A Pascal le gustaba apostar sobre seguro, sin arriesgar.

21.- Cálculo de probabilidades

Cuando vamos a emprender un proyecto, evaluamos las posibilidades de éxito, al tiempo que ponemos delante las dificultades con las que podemos toparnos para llevarlo a cabo. No sólo para evitar ser el hazmerreír de la gente (cfr. Lc 14, 30), sino para no perder tiempo en tareas improductivas. En la elección de objetivos, podemos aspirar alto o no tan alto, si es que no somos muy ambiciosos o tememos darnos un batacazo. Así que se establece un ten con ten entre lo que queremos y aquello a lo que creemos que podemos llegar. Hay gente que cree que no puede aspirar a tanto como podría y se queda corto y otros que se llevan una desilusión por no conseguir lo que deseaban. Me quedo con la frase de los triunfadores que dice: "Lo conseguimos porque no sabíamos que era imposible".

En la vida todo se reduce a estimación de riesgos, es un cálculo de probabilidades. En el opúsculo que escribí a principios de este siglo —que trata de lo que se considera como verdad científica— dejaba entrever que la verdad es aquello que es más probable que sea verdad. En los ensayos clínicos que se realizan en el ámbito de la medicina se trata de ver si hay o no "diferencias estadísticamente significativas" entre las terapias que se comparan. Estos estudios presuponen (y ya es mucho presuponer) no sólo el rigor metodológico y la veracidad de los datos que se comparan —ya que la experiencia nos ha demostrado que cuando hay dinero por medio no ha habido reparos en falsear los datos— sino también que la inferencia que se hace es correcta, que las conclusiones que se extraen derivan realmente de los resultados contrastados. Porque muchas veces se elaboran estudios aparentemente rigurosos, pero donde fallan con estrépito es al extraer las conclusiones. Y hay que desarrollar una capacidad crítica para saber sopesar el valor o fuerza de los trabajos de "investigación", sobre todo si hay tratamiento estadístico por medio. Cuando una información comienza con la coletilla "Si las estadísticas no engañan…" hay que llevar por delante el prejuicio de que efectivamente engañan y que lo que viene detrás no tiene sólido fundamento.

La verdad es algo que se está construyendo y reconstruyendo constantemente. Es un *desiderátum*, algo que se plantea en el horizonte, un objetivo al que teóricamente nos acercamos cada día un poco más pero sin llegar a alcanzarlo jamás, como una asíntota. Lo que no se plantea, porque es mucho más radical y descabellado, es que haya un cambio de dirección brusca, como si nos hubiésemos equivocado de ruta y fuésemos en dirección contraria. Lo más parecido a eso son los momentos puntuales en la historia en los que ha irrumpido algo que ha hecho cambiar un paradigma. Es lo que exponía T. S. Kuhn en *La estructura de las revoluciones científicas*. De pronto a alguien le da por pensar las cosas de manera diferente, se sale del paradigma reinante, de la manera de pensar común, e introduce una variable que hace girar un concepto que la sociedad tiene asumido de una manera en otro sentido. Estos "momentos" históricos en ocasiones no han sido puntuales sino que han llevado años. La aceptación del heliocentrismo o la teoría de gravitación universal, el cálculo infinitesimal... la fotografía digital, internet, han supuesto cambios sociales que nadie discute. Y los que nos quedan por ver serán mucho más drásticos y rápidos. Los ordenadores cuánticos, las aplicaciones del grafeno, automoción eléctrica o fisión nuclear permitirán muchos procesos que hoy sólo son imaginables y otros muchos que no imaginamos. ¿Conseguiremos a base del desarrollo tecnológico llegar a la verdad? La cuestión es peliaguda y contiene una trampa si no se aclara antes otra pregunta. ¿Existe la verdad? ¿Qué es la verdad?

En la filosofía escolástica se decía que cualquier cosa que existe (desde el racionalismo se debate hasta la existencia), por el mero hecho de existir, disponía de cuatro propiedades, las propiedades entitativas del ser: *unum, verum, bonum, pulchrum*, esto es, que cualquier cosa que existe por el simple hecho de existir ya es uno, verdadero, bueno y bello. "Uno" hacía referencia a su individualidad, es único. "Verdadero" es que no es falso, es genuino, es lo que es: cuando decimos esto es "oro falso", ni es oro ni es falso, es lo que es, pero no es oro. Es "bueno" porque su contrario, el no ser, sería malo. Otra cosa es que con el devenir deseemos que un ser no hubiese sido nunca, pero su existencia es buena, es lo que nos hace decir de los seres que conocemos "qué bueno que existas". Y, lo lleguemos a captar o no, todo lo que es, por el mero hecho de ser es "bello", tiene un atractivo para los sentidos o el conocimiento. Todo esto admite comentarios y críticas que se escapan a los propósitos de esta obra. Lo cierto es que desde la perspectiva actual son conceptos algo desfasados: hoy se tiene un concepto de verdad mucho más utilitarista. Incluso el concepto de ser es utilitarista y controvertido. Verdad es lo que me sirve para medrar. La verdad es cambiante: hoy digo esto porque me favorece y mañana digo lo contrario porque me resulta más rentable. Éste es, sin duda, el uso que de la verdad se hace en la política de los países, y no sólo en la política sino en las empresas, con o sin ánimo de lucro.

Uno de los pacientes más enjundiosos que tuve fue un individuo que manejó muchísimo dinero a lo largo de su vida, pues era un experto en el cálculo de probabilidades, apostando muchas veces con información privilegiada. Se definía como un tipo práctico pero no enrevesado ni sofisticado. Era muy intuitivo. Enseguida se hacía con los datos del problema y en poco tiempo tomaba una resolución al respecto. Reconocía que en alguna ocasión esa precipitación en responder le había granjeado alguna que otra pérdida importante y se lamentaba de su poca capacidad de reflexión, aunque en conjunto la estrategia de actuar rápido le había reportado pingües beneficios. No era un hombre de adornar las cosas con literaturas e iba directamente al grano. Así se definió en mi consulta. Una consulta que pagó al precio de los demás pacientes, porque no por el hecho de que fuese muy pero que muy rico le iba a cobrar un precio diferente. Además, debo decir (me autorizó para ello), que en su sentido del ahorro, se sacó un bono de seis consultas porque era más económico y en su cálculo racional había previsto que en seis sesiones podíamos ventilar lo que le ocupaba su cabeza. La enjundia a la que hago referencia al comienzo de este párrafo, no fue para mí por tanto en el plano económico sino en el intelectual.

Quizás ha sido uno de los casos más complicados que recuerdo haber tenido. De esos que te fuerza a coger de nuevo los libros, a repasar, a ampliar los conocimientos que tienes con otros que están en los libros. Y que además pone a prueba el grado de certeza de lo que crees saber. Se había jubilado del mundo de las finanzas y la empresa habiendo cumplido ya los 70 años. La primera consulta fue la excusa: venía a hacerse un chequeo, de esos que se hacen como cuando uno quiere garantizar que, ahora que se ha jubilado, el cuerpo le vaya a durar otros 70 años para disfrutar del esfuerzo de una vida laboriosa. Entregó su cuerpo a la exploración, los análisis y las diferentes pruebas encaminadas a testar su salud. Pero ya sabía él que para eso no hacía falta un bono de seis consultas. La segunda visita teóricamente era para recoger los resultados de las exploraciones practicadas. Y digo teóricamente porque pareció no tener prisa por saber los resultados y me pidió que los dejase para más adelante. De hecho, los resultados los llevaba él en un sobre grande cerrado que no quiso abrir. Pero venía además con un portafolio con varias fotocopias y apuntes subrayados con bolígrafo y lápices "fosforitos". En la segunda visita me descubrió el motivo del bono de seis consultas.

Pascal. Traía unas fotocopias de libros y revistas que para mi sorpresa no eran de medicina sino de varios filósofos entre los que destacaban por su cantidad los referidos a Blaise Pascal y, en concreto, de su obra *Pensées*. Quería debatir conmigo acerca de la apuesta de Pascal. Le pregunté que por qué yo y me dijo que se había decidido por mí porque había visto en mi currículum que, aparte de estudiar medicina, también había estudiado filosofía. Intenté zafarme de la responsabilidad haciéndole ver que necesitaba a alguien que fuese experto en Pascal y me dijo que ya había hecho esa búsqueda pero que ninguno era médico y que por eso se había decidido por ponerme a mí en un brete. Al ver que estaba resuelto a ello, no me quedó más remedio que volver a estudiar a Pascal y con mayor profundidad que durante la carrera.

Al fin y a la postre, la apuesta de Pascal se resume muy fácilmente en cuatro enunciados, pues es una tabla de dos por dos: surgen de la consideración de creer o no creer en Dios y de que Dios exista o no exista. Que creas o no creas, depende de ti. Que exista o no exista Dios no depende de ti. Luego el único acto que el individuo puede hacer voluntariamente es creer o no creer porque lo demás no depende de uno mismo. ¿Qué se deriva de esta tabla? Suponiendo que para tener la vida eterna hay que creer en Dios (condición necesaria pero no suficiente), los cuatro enunciados serían:

1.- Puedes creer en Dios y, si Dios existe, entonces puedes acceder a la vida eterna.

2.- Puedes creer en Dios y, si Dios no existe, entonces tampoco has perdido nada.

3.- Puedes no creer en Dios y, si Dios existe, entonces igual se enfada contigo y te manda al infierno por no haber creído en Él.

4.- Puedes no creer en Dios y, si Dios no existe, entonces tampoco has perdido nada.

Por tanto, Pascal considera que la apuesta por creer en Dios es clara, porque tienes todas las de ganar y nada que perder. Evidentemente esto es muy discutible y precisamente de eso versaron las cuatro consultas siguientes. Traía toda una lista de objeciones y aportaciones personales con el ánimo más de comentarlas conmigo que de que yo le resolviese sus dudas. No en vano, reconozco que intelectualmente era mucho más lúcido que yo. Sin embargo le agradaba, o al menos lo disimulaba muy bien con fingida sorpresa, el enfoque diferente que daba yo a algunas de las opiniones que traía apuntadas en sus papeles con letra ilegible.

A mí aquellas consultas me supusieron un estrés muy grande. Tuve que leer muchas cosas para hacer frente a las cuestiones que me planteaba. Recuerdo que fruto de esas pesquisas cayó en mis manos el libro de Romano Amerio *Iota Unum* del que también obtuve argumentos que le parecieron valiosos. En fin, no hay nada como enfrentarse a lo que uno cree que sabe, para darse cuenta de que no sabe tanto como creía. Pero la complejidad de las cuestiones, cuando se masculla y se intentan digerir, obliga a desmenuzar los conceptos para hacerlos simples y accesibles. Como ya se lo hemos atribuido a Einstein, si no sabes explicar algo complejo para que lo entienda un niño de siete años, es que tú no tienes muy claras las cosas.

La última de las consultas, que fue justo a los cuarenta y dos días la primera, tenía por misión abrir y comentar los resultados del examen médico. Vino a la consulta con el sobre cerrado, el mismo que traía en la segunda consulta. Me lo entregó para que lo abriese y le fuese explicando los resultados de las pruebas. Así lo hice y conforme iba leyendo los informes sentía la presión de su mirada sobre mí y yo procuraba pasear mi vista por las hojas sin que se notase nada extraño en la cara, sin tragar saliva. Al levantar mi mirada de los papeles me topé con su mirada clavada y una media sonrisa en la boca. Reparé entonces en el deterioro de su aspecto desde la primera vez que se sentó en mi consulta. Se inclinó hacia adelante, se apoyó en la mesa y me dijo: "A ver, medicucho, ¿cuánto crees que me queda?". Con la pregunta respiré hondo como liberado de un gran peso: él sabía lo que decían esos informes. Me había entregado el sobre cerrado y quería examinar mi cara mientras los leía. Las noticias no eran nada buenas. De las pruebas realizadas se desprendía que no le quedaba mucho tiempo de vida. A lo sumo seis meses. Le dije que ahora sí que tenía que hacer una apuesta importante. Era un hombre práctico. No volví a verle jamás. Me enteré de su fallecimiento por la prensa. No sé qué tipo de apuestas hizo el resto de su vida.

Supongo que en el negocio de la vida eterna los valores son diferentes a los que rigen en la economía mundial. Recuerdo que de pequeños mi madre nos decía que al final de la jornada, aquel que se salva sabe y el que no, no sabe nada. Si algo me queda cada vez más claro es que lo de creer o no creer en Dios es una decisión personal, no se respalda por la razón porque la razón encuentra poderosos argumentos en un sentido y en el otro. Podemos hacer valer los llamados *preambula fidei* o las vías de Tomás de Aquino o el argumento ontológico de san Anselmo... para avalar la existencia de Dios, como si Dios necesitase que las criaturas avalen al creador. Haría falta una inteligencia pura para poder ver a Dios. Recuerdo cuando leía estupefacto cómo Tomás de Aquino decía que la existencia de Dios es evidente... pero no para nosotros. Y uno se pregunta: si es evidente pero no para nosotros, ¿para quién es evidente? Pues para las inteligencias puras, para los ángeles: los ángeles no dudan que Dios exista, son inteligencias puras y captan todo de manera inmediata. Pero para quien no cree en Dios... tampoco le vale el testimonio de los ángeles porque tampoco cree en ellos. Y no creerá en Él, aunque los muertos vengan a verle (cfr. Lc 16, 31). De hecho, yo no sé si los milagros ayudan o estorban para creer. Incluso en el Evangelio se lee que poco antes de la ascensión de Jesús a los cielos los presentes se postraron adorándole... pero algunos dudaron (cfr. Mt 28, 17).

22.- El negocio de la fe

Qué duda cabe que el deseo de pervivencia que tiene el ser humano, su instinto de conservación, le lleva a considerar su vida como un bien supremo. Acaso el mayor de los bienes, para quienes no creen en Dios. Para los que creen, también, pero igual albergan un valor por encima de su propia vida o salud. Cualquier doctrina que ofrezca la vida eterna se hace muy golosa y atractiva. Pero al mismo tiempo, los vendedores de vida eterna chocan frontalmente con quienes están convencidos que más allá de esta vida no hay otra, como le pasó a Saulo de Tarso en el areópago (cfr. Hch 17, 32).

Son tantas las ansias de pervivencia en el más allá que muchos renuncian a la racionalidad y cometen barbaridades en nombre de Dios, que es el que puede dar la vida eterna. Cabe esperar que cuanto más celosamente se vive la defensa de la fe, cuanto más comprometido se está con esas convicciones, se supone que será mejor discípulo de ese a quien se sigue. Esto del fundamentalismo también se puede aplicar en su vertiente laica porque hay verdaderos forofos de un equipo de fútbol o de un partido político o de una región o pueblo de España, que son capaces de matar por sus ideas y convicciones.

Siendo como es la dimensión religiosa del ser humano un rasgo antropológico (que se puede aceptar y estructurar de muchas maneras o rechazar radicalmente) los vendedores de vida eterna surgen por todas partes y montan su tenderete. Debemos considerar la posibilidad de que el mensaje que Dios dio a los hombres se haya desvirtuado lo largo de la Historia por los errores, voluntarios o involuntarios, de transmisión en cadena, como hemos señalado. Partíamos de la base, según el diagrama de flujo expuesto, de que: Dios existe y que Dios se ha revelado. Las otras opciones conducen a un "haga usted lo que quiera o la ley le permita". La apuesta por la vida eterna consiste en averiguar qué hay de cierto en esa revelación, qué ha dicho Dios que pueda implicar al ser humano en su salvación eterna. Aquí es donde se debe aplicar la inteligencia humana, ya que hasta este punto la cuestión es si uno quiere o no creer. Conviene recalcar, aunque parezca obvio, que una revelación divina sólo puede surgir de Dios. Si Dios no dice al hombre cómo es Él o qué es Él, los hombres sólo podemos hacer conjeturas o construirnos un dios a nuestra medida. La única revelación posible es la que Dios nos hace por los profetas y, en los últimos tiempos, por su Hijo (cfr. Hebr 1, 1-2). De hecho, cuando en la doctrina cristiana se asegura que Dios es Uno en esencia y Trino en personas, el llamado misterio de la Santísima Trinidad, esto no puede surgir de una idea de los hombres porque de hecho parece un absurdo para la razón humana: tres en uno, tres distintos, pero no tres dioses… en fin, un tema complicado, un misterio que no vamos a tratar aquí. Pero si esa revelación de cómo es

Dios en su vida intratrinitaria no nos hubiese llegado a través del Hijo, la segunda persona de la Santísima Trinidad, no habría manera posible de que los hombres lo supiésemos.

Entre los mensajes de salvación eterna, hay que ver qué se nos ofrece en el escaparate. Es amplio. Desde los cultos animistas, de reencarnación, de panteísmo, de politeísmo, de naturalismo... Algunos cultos son meras filosofías de vida, comportamientos éticos tras los cuales sólo hay una recompensa de quietud y paz de la conciencia o el alma. Si uno piensa en un Dios personal, antropomorfismos aparte como los que ya advertía Jenófanes de Colofón, el primer atributo coherente con la divinidad es que sea única. Puede parecer radical o extremista confesar como verdadero a un sólo Dios, pero siendo omnipotente y eterno, es lógico que sólo haya uno porque habiendo varios, podían surgir rifirrafes como pasaba en el Olimpo de los griegos. Pensar en Dios, en un sólo Dios, nos reduce el espectro de elección a una de las tres religiones monoteístas del mercado de la espiritualidad: Judaísmo, Cristianismo, Islam. A estas tres religiones se les ha llamado las religiones "del libro" ya que se basan en una revelación escrita. El Judaísmo en la Tanaj que contiene la Tora (Pentateuco), los Profetas y otros escritos que en conjunto sería el equivalente al Antiguo Testamento de los cristianos. Pero es que los cristianos añaden a su "libro", la Biblia, el Nuevo Testamento al que de hecho se le da más importancia que al Antiguo, ya que todo el contenido del Antiguo tiene su realización en la persona de Cristo. Y el "libro" del Islam, el Corán, poco o nada tiene que ver con los otros "libros". Por tanto, desde mi punto de vista, cuando por ahí se habla de las "religiones del libro" como tratando de aunar los cometidos e intereses de las tres... me parece un sinsentido porque honestamente poco tienen que ver entre ellas, salvo que se profesan monoteístas. Algunos añaden que estas religiones monoteístas manejan muy bien como agente represor el sentido de culpa, de pecado, y por tanto de necesidad de perdón, algo de lo que el hombre que no cree piensa que está del todo emancipado. Pero en fin, éste es otro derrotero que no voy a seguir ahora.

En la búsqueda de la verdad revelada (vamos en busca de la revelación) uno debe indagar en esas tres fuentes, que son las únicas que se arrogan ser "la palabra de Dios". Del análisis del contenido que cada uno haga podrá intuir cuánto de divino tiene lo que lee. En esencia, la confrontación de las tres religiones nos va manifestar algo que las diferencia radicalmente: la cuestión de si Jesucristo es o no Dios e Hijo de Dios, algo que sólo el cristianismo afirma. Cuando uno cree que Jesús de Nazaret, la figura histórica que nació en Belén de Judá bajo la dominación romana en tiempos del emperador Augusto, que pasó unos treinta años en la tierra y que enseñó la doctrina que se refleja en los Evangelios, que murió crucificado siendo emperador Tiberio y que resucitó de entre los muertos (ojo, que éste es el quid más táctico de la revelación cristiana), confirmando con ello la veracidad de sus enseñanzas, cuando uno cree esto, es cristiano al menos de creencia. Aunque con ser cristiano no se acaba la discusión, ni mucho menos: pues anda que no hay por el mundo gentes que dicen ser cristianos pero profesan diferentes religiones: protestantes, ortodoxos, católicos, cuáqueros, evangélicos, anglicanos, testigos de Jehová, mormones, coptos, hugonotes, calvinistas... Muchos dicen creer en Cristo pero hay diferentes modos y grados de creencia. Algunos creen que es Dios y sólo Dios, otros que sólo es Hombre, otros que es Dios y Hombre, otros que es un profeta o ser aventajado. La figura de Cristo a lo largo de la Historia ha generado mucha controversia, pero vamos, eso ya lo vaticinó el anciano Simeón cuando Jesús era un crío (cfr. Lc 2, 34). El cristianismo es un hecho que ha marcado la cultura y la civilización europea y mundial, con numerosas manifestaciones en arquitectura, en pintura, en escultura, en música, en literatura... Ahora, desde el siglo XXI, podemos echar la vista atrás y estimar si estaban en lo cierto o no, si eran creencias con fundamento o fruto del fanatismo o la histeria colectiva. Pero no podemos negar, a la vista de las catedrales, que bastante gente ha tenido mucha fe. ¿Racional o engañados? ¿Qué fuerza ha tenido la consideración de la figura de Cristo, de su ejemplo de vida, de su doctrina, para generar esas manifestaciones, esas controversias (cfr. Mt 10, 34)?

Probablemente para quien no cree que Jesús de Nazaret sea Dios (a lo sumo creen que dijo ser Dios, como la rectificación que piden los fariseos a Pilatos, cfr. Jn 19, 21), el verdadero montaje de la fe y su negocio lo organizaron los que decían ser sus discípulos. Acaso se dieron cuenta de la fuerza del mensaje, de su carga escatológica, de sus promesas de un más allá, ¡la vida eterna!, y se pusieron a organizar el tinglado. Propagaron unos cuantos milagros, empezando por el de la resurrección del ajusticiado, y organizaron una jerarquía eclesiástica convenciendo a los hombres de que eso era la voluntad de Dios. Se allegaron a la realeza para que el pueblo supiera que el rey lo era por voluntad divina, organizaron sus concilios, sus diócesis, sus códigos, sus ritos... y ya estaba todo en marcha, con diferentes avatares y cismas a lo largo de su historia, pero mira, ahí sigue perviviendo eso que se denomina cristianismo más de veinte siglos después. Y, sin embargo, la mayor parte de la gente sin saber quién fue Teudas (cfr. Hch 5, 36).

Está fuera del propósito de este libro hacer una exégesis o apología de Cristo. Yo únicamente remito a las fuentes, estudie usted documentación histórica de la figura de Cristo que es abundante. Ésa es la tarea que le compete a quien esté inquieto por saber si al hombre le cabe esperar una vida eterna, algo después de esta vida. Al fin y al cabo, Jesucristo es el único que se ha atrevido a decir "Yo soy la resurrección y la vida" (Jn 11, 25). Creo que alguien que ha sido tan osado para decir eso merece un poco de estudio más allá de lo que otros han dicho acerca de Él. Porque, partidarios y detractores, los hay, por supuesto. A nadie le deja indiferente, y es mucho lo que puede estar en juego para que usted se tome la molestia de indagar un poco por su cuenta, superando los estereotipos. Y, sobre todo, yendo más lejos de las figuras caricaturescas que han hecho los que pretendían hacer apología de Él: decía una amiga que, si crees en Dios a pesar de los curas, es que crees mucho en Dios. Y, es verdad, porque lo que ha hecho alguna "gente buena" por atraer cabezas a Cristo ha sido un servicio paupérrimo.

Todos hemos tratado con verdaderos sinvergüenzas, personas impresentables, que se decían de misa y comunión diaria. Y también con amables agnósticos, educados y honestos. La religión no hace necesariamente íntegro a un ser humano. De hecho, puede convertirle en un auténtico diablo, un ser poseído por el fanatismo y el odio. Con eso de que el Dios único es un Dios celoso (cfr. Ex 20, 5), se supone que exige a sus seguidores que vayan cortando las cabezas de los que no creen en Él. Es el peligro que tienen los mensajes sesgados, incompletos. La doctrina cristiana, como le pasa a cualquier mensaje complejo, puede ser muy tergiversada si sólo se contempla un aspecto de manera aislada, sin referencia a lo demás. Para los que conocen el texto del Credo cristiano, imagínense lo que cambia el mensaje si comenzamos el Credo en "Poncio Pilato... fue crucificado, muerto y sepultado". Es como suelen aparecer los titulares de la prensa amarilla, con una frase entresacada y fuera de contexto. Ahora, como en los tiempos de Jesucristo, los vendedores de eternidad cargan pesados fardos sobre los hombros de los feligreses con la justificación de que es una exigencia necesaria para alcanzar la vida eterna.

Suelo animar a la gente a que lea y descubra lo que dice Jesús y evite en lo posible lo que otros dicen que dice Jesús. No significa esto que no haya a lo largo de la historia escritores y comentaristas que han sabido sacar punta y explicar con claridad y veracidad el mensaje de Cristo, pero debo decir que en mi opinión también son muchos los que han errado (voluntariamente o por incapacidad mental) en este cometido. A lo largo de la Historia ha habido quien se han arrogado ser verdadero ministro de Dios, transmitiendo a la humanidad lo que realmente quiere Dios de los hombres... Habrá que esperar al día del Juicio Final para saber quién de verdad ha hecho lo que Dios quería que se hiciese en el mundo. Mientras tanto, la maldición de Jeremías retumba y debe percutir en la cabeza de los malos pastores (cfr. Jer 48, 10).

A pesar de los altibajos que ha sufrido la Iglesia Católica desde su fundación y reunión en el primer concilio de Jerusalén hacia el año 50 de nuestra era, hay una institución que pervive. ¿Es la Iglesia Católica actual la verdadera heredera de la tradición cristiana, del legado trasmitido por los apóstoles? ¿Está ahí el verdadero depósito de la fe o se ha perdido su esencia? Es complicado si se analiza con una visión humana creer que en algunos curas y obispos actuales haya palabras de vida eterna. Me pronuncio al respecto y digo abiertamente que no: no todos los curas ni todos los obispos dicen cosas que sean aceptables a los ojos de Dios. Pero, igual que sostengo con convicción que hay muchos eclesiásticos que mean fuera del tiesto, también intuyo que hay otros que realmente están muy cercanos a lo que Dios quiere. Hoy nos impactan y bombardean con noticias negativas sobre conductas que no son nada ejemplares, o que son incluso delictivas, de algunos eclesiásticos. Entre los cristianos, religiosos o laicos, sigue habiendo personas con elevadas cotas de virtud, de honradez, de caridad... ejemplos a seguir. El que quiera, claro. Quizás sea demasiado exigente o meticuloso pero personalmente yo no he encontrado entre los hombres con los que he convivido un modelo a imitar o seguir, una persona de la que me fiaría hasta las últimas consecuencias. A cualquier ser humano que examinemos con detalle le encontraremos peros. Todos procuramos mejorar nuestra conducta, adquirir capacidades que nos hagan más atractivos a los demás, más considerados o reputados. La vanidad es algo que nos rodea con mayor o menor fuerza. Pero si algo repele con fuerza es una persona que se propone como modelo de conducta y resulta un egoísta o un falsario. Quizás por eso tendemos a considerar de mayor gravedad el delito que comete alguien que, por su condición, se estima que debería ser lo más opuesto a ello. Un juez inicuo, un médico asesino, un cura embustero, un padre proxeneta...

Si usted profesa una fe porque sigue los dictados de un ser humano tiene muchas posibilidades de quedar defraudado: un ser humano no le dará la vida eterna porque no la tiene él y nadie da de lo que no tiene. Acaso lo que usted siga sea un modelo de vida, una filosofía, un tipo de comportamiento, una conducta ética... pero no hay mucho más que eso. Nuestro entorno reducido no nos permite ver más allá. Y para poder salir de esa restricción cognitiva hace falta superar el límite mental, ver más allá de lo que nos impone la cultura y la sociedad. Porque, aunque no alcance a verlo, hay cosas más allá de su mirada. Algunas las ha ido usted descubriendo. Pero no crea que lo ha visto todo… o comenzará a envejecer.

23.- Abandono del límite mental

El título está cogido prestado de un concepto que empleaba un filósofo español, Leonardo Polo, al que nadie entendía y que tras cada libro tenía que escribir otro que permitiese el acceso a la comprensión del anterior. Pero ni siquiera con el nuevo libro que editaba se entendía demasiado bien lo que quería decir. Es lo que tienen los filósofos sesudos: se quedan solos en su pensamiento, no les sigue nadie.

Intentando trasladar el mensaje de Polo a una mejor comprensión me inventé la analogía del puzle. Porque todos hemos hecho alguna vez un puzle en nuestra vida, lo que en castellano se llama también rompecabezas. Al fin y al cabo, el problema de la existencia humana, como estamos viendo, es un verdadero rompecabezas. En este juego clásico encontramos mayor o menor complejidad, desde pocas piezas para los niños a miles de piezas para los más pacientes. Nuestra vida es una maraña de relaciones, un quebradero de cabeza más o menos complejo, con más o menos piezas. El puzle tradicional, el de las piezas planas que se ensamblan formando un dibujo, es el que todos hemos hecho de pequeños.

Quien se pone a construir un puzle, casi siempre adopta una estrategia que sigue con independencia del número de piezas que tengamos: busca primero las piezas que tienen un borde liso porque sabe que forman parte del marco, del extremo. Y si la pieza tiene dos bordes lisos, hemos dado con una esquina. La mayoría de los puzles tienen cuatro esquinas.

Centrando la atención en las piezas de borde liso, podemos ir construyendo el marco de nuestra vida, los límites que va a tener nuestra obra. A menudo esos bordes surgen condicionados por el entorno social en el que nos desarrollamos, nuestra cultura, nuestra familia. Resulta cómodo pesar que al menos tenemos acotado los límites de nuestra existencia: sabemos dónde está el borde y más allá no hay puzle, ni se nos pasa por la cabeza que pueda haberlo.

Puede suceder que mientras encontramos piezas de borde liso, encontremos otras del interior que casan unas con otras, de manera congruente y sin forzar. Ese grupito de piezas es una isla de algo que va a ser el dibujo en su conjunto. Equivaldrían a esas pequeñas escaramuzas o aventuras de la vida que no sabemos muy bien cómo encajarán con el resto. Puede ser que dispongamos de la imagen que perseguimos, del modelo que estamos tratando de construir... o no, podemos ir a la aventura y dejándonos sorprender a medida que el puzle va tomando forma. Si tenemos una imagen previa de lo que el puzle tiene que ser, podemos ir seleccionando piezas "por colores": los azules del cielo o los blancos de nubes o espumas o los naranjas del atardecer. Sin modelo, sin imagen previa preconcebida, la cosa es más compleja.

De manera simultánea vamos ensamblando piezas de borde liso por el marco y grupos de piezas que encajan que van por el interior. Con el tiempo vamos viendo que esos grupos de piezas del interior encajan unos con otros formando una isla mayor, con una visión más completa de la imagen final del cuadro. Otras veces esos conglomerados encajan con el borde, lo anclamos al margen, y de esa forma vamos completando el puzle. Nos alegramos con esa integración mientras que nos generan dudas las piezas que no sabemos dónde encajar.

Así vamos construyendo nuestros conocimientos en la vida. Se solapan unos a otros dentro de un marco que socialmente nos ha sido impuesto, asumido consciente o inconscientemente: esto es lo que hay, nuestro entorno nos condiciona y no logramos pasar de ahí, ni podemos ver más lejos. Hemos aceptado el límite que además nos deja satisfechos. Pero el mismo límite que da seguridad priva de libertad: la valla que estabula el ganado lo protege, sí, y a la vez lo limita.

A lo largo de la vida establecemos contacto con otras personas, con otras situaciones que van a conformar el cuadro de nuestra existencia. A veces enseguida vemos que las piezas ensamblan perfectamente y tienen sentido. Pero otras veces... las piezas se unen sin problema pero no vemos significado al dibujo: situaciones complejas, dolorosas, absurdas a las que no se les encuentra ningún sentido, parecen no encajar en nuestra vida. Quizá ese grupo de piezas se deja aislado durante un tiempo porque evoca malos recuerdos, malas experiencias. Un día se descubre con sorpresa que ese bloque sinsentido casa con otras piezas o grupos de piezas que hemos ido montando y, ahora sí, aquellas piezas apartadas cobran sentido. Por fin se comprende que aquel trance no fue tan absurdo, el golpe pasado encaja a la luz del presente. Son esos momentos en los que una antigua desdicha o pena se torna en un motivo de satisfacción: antes no lo entendía pero ahora lo comprendo. Y quizás durante mucho tiempo tarde en aparecer una pieza que creemos y sabemos que debe estar por ahí rondando para que todo case, una clave esquiva que intuimos que debe existir pero que no encontramos. En todas las vidas hay zonas oscuras que tardan en rellenarse, en cobrar sentido, aquel "serán cenizas, mas tendrá sentido", de Quevedo. Un "mas" que no se acentúa porque es un "pero".

En la analogía de la vida con un puzle, nosotros también interaccionamos con numerosas situaciones a lo largo de nuestro devenir. Lo que lleguemos a ser estará en función de las interacciones que tengamos, de las partidas que juguemos de las personas con las que nos relacionemos. El cuadro completo, la imagen del puzle, no la vemos hasta el final, hasta acabar de poner todas las piezas o hasta que dejemos de ponerlas sin haber puesto todas. Puede ser que al final de la tarea y del esfuerzo, el resultado sea más o menos agradable a nuestra vista. Algunas personas completan el puzle de su vida en tiempo récord: bien porque son hábiles ensambladores de piezas, o bien porque su ambición era escasa y se conformaban con un puzle de 500 piezas en lugar de uno de 20 000. Pero de alguna manera... eso de colmar las ambiciones demasiado pronto, suele dejar un regusto marchito de la vida. Hay gente que ha vivido muy deprisa y con pocos años cree haber completado el puzle de su vida. Quizá entonces se arrepienta de no haberse puesto metas más ambiciosas o elevadas, o de haber ido demasiado deprisa. Se aburre por haber colmado sus límites demasiado pronto. Hasta hay quien en su fogosidad deshace el puzle de su vida y se busca empresas totalmente diferentes, un nuevo puzle, una nueva vida.

Otros, sin embargo, dejan su vida con un puzle a medio hacer, inconcluso y en ocasiones ni siquiera empezado. Son esas muertes prematuras que dejan tantas piezas sueltas que a los que miran alrededor les causa angustia, pena, rabia... Lo que pudo ser y no llegó a ser. ¿Por qué?

En esta alegoría, metáfora continuada, hay algo que deseo resaltar que es el concepto de límite: estamos acostumbrados a los puzles con borde, con límite externo. Imaginemos uno que no los tiene. A la hora de ensamblar las piezas no sabríamos para dónde tirar. Y esto sería todavía más inquietante cuanto mayor sea el número de piezas que debemos encajar. Sin límite tenemos que estar abiertos a cualquier expansión o interacción: todo es posible, hay menos capacidad de previsión porque hay que estar preparado para las alternativas que se abran ante cualquier nuevo grupo de piezas que casan. A ver cómo encajo esto. ¿Hacia dónde crecerá mi puzle?

Estar dentro de unos límites tiene sus ventajas, por supuesto. Te ayuda a estar más orientado, puedes planificar mejor, sabes lo que llevas completado y puedes calcular lo que te queda, te vas haciendo una imagen de tu vida... Sin límites, tienes más capacidad de expansión pero también estás expuesto a descubrir parcelas de la vida que no sospechabas. Tienes la incertidumbre del que no sabe qué pasará pero al mismo tiempo no vives la angustia de pensar que tu puzle se está completando, que quedan pocas piezas por encajar, porque los márgenes no existen, el puzle se puede expandir en todas las direcciones. Estás abierto a nuevos grupos de piezas que todavía no ves cómo pueden encajar en el conjunto de lo que llevas hecho, algo que desecharías, por desconcertante, cuando ya está casi acabado si el puzle tiene límites.

Mientras estás jugando… la muerte te sorprende un buen día encajando piezas, ampliando el horizonte, por más que se queden grupos de piezas sin ensamblar al grupo principal. El puzle, con bordes o sin bordes, puede estar entonces más o menos acabado, el juego se termina y aquí no hay ganadores ni perdedores. La vida ha sido un pasarlo bien, un disfrute encajando piezas y adivinando a cada instante nuevos horizontes. El cuadro de nuestra vida, la imagen final que se haya logrado, es lo que puede quedar para la posteridad como recuerdo de una obra bonita o menos agradable. ¡Qué bonito puede ser dejar un puzle inconcluso, con ansia de siempre más!

Proponerse cada día nuevos objetivos ayuda a no envejecer jamás. Algunos han pasado por su vida sin dar apenas una consideración a la posibilidad de una vida eterna. Redefinir toda la existencia en clave de eternidad es un desafío que no se lleva bien con la restricción mental. Cuando Leeuwenhoek comenzó a ver los "animáculos" a través de su microscopio descubrió una realidad que estaba ahí desde antes de que el hombre fuese hombre, pero hasta entonces había estado vetada a sus ojos. Hay cosas que existen con independencia del conocimiento que nosotros tengamos de ellas. Dejarse sorprender por realidades que ignorábamos es el origen de la filosofía, de la sabiduría. La filosofía permite descubrir que el puzle de nuestra vida, aparte de poder prescindir de límites... tampoco los tiene en el plano espacial. La apertura mental que confiere la filosofía ofrece la posibilidad de enfrentarse a un puzle tridimensional: ya no es un puzle plano, pegado al terreno sino que puede adquirir relieve. Y con el relieve, con la altura... también la necesidad del equilibrio porque la ley de la gravedad actúa y los conocimientos en altura no pueden crecer de manera estable sin una base coherente.

Tener una visión amplia de la vida hace tomar conciencia de nuestro paso por la historia en el espacio y en el tiempo. Ayuda a no creerse el ombligo del mundo porque muchos que nos precedieron elaboraron construcciones brillantes. Nuestra sociedad ha ido atrofiando el oído porque vivimos en una cultura de la imagen, de la apariencia estética. En ocasiones le pregunto a mis alumnos cuál de los cinco sentidos (vista, oído, olfato, gusto y tacto) consideran que es el más importante y una gran mayoría dice que la vista, a la vez que tienden a señalar el olfato y el gusto como los menos útiles. Es cierto que vivimos en un mundo muy visual y ser invidente conlleva unas limitaciones, sobre todo de movilidad, que son evidentes. Pero de cara a la sociabilidad y el desarrollo intelectual, el sentido más importante es el oído. Una persona sorda es difícil de integrar en la sociedad. Se logra, por supuesto, pero no sin gran esfuerzo, porque el aprendizaje es más laborioso. A través del oído es como llegan los conocimientos más importantes al cerebro. Con los ojos captamos la impresión visual pero es con el oído como alcanzamos la comprensión. Como reza el himno eucarístico *Adoro te devote*: "visus tactus gustus in te fallitur / sed auditu solo tuto creditur" (al juzgar de ti se equivocan la vista, el tacto, el gusto, pero basta el oído para creer con firmeza). La capacidad de razonar se ha anestesiado con la imagen hasta tal punto que no hay prueba más contundente de que algo es cierto como eso que oímos exclamando "¡es que lo he visto con mis propios ojos!". Y conscientes de esa fuerza de convicción proliferan los efectos visuales para atraer la opinión a lo que nos quieren hacer creer con la manipulación de las imágenes: se une una imagen a un texto y quedan vinculadas en la mente con relación causal, sin crítica. O se crean ilusiones ópticas con holograma o juegos de luces que realmente capturan el intelecto y engañan a la razón.

Nutrir la cabeza a base de imágenes limita mucho la capacidad de conocimiento. Impide imaginar alternativas porque lo que uno ve (o cree ver) tiene una fuerza tan grande que no admite refutación. Lo que se ve impacta al cerebro. Pero hay una visión no ocular sino intelectual que puede ser mucho más nuclear. Es el "¡lo he visto!" cuando por fin entendemos algo que llevamos tiempo tratando de entender pero sin caer en la cuenta, sin acabar de "verlo" claro. El ¡eureka!, la interjección de Arquímedes de Siracusa. Trajinar sobre los problemas complejos tiene sus sufrimientos pero también sus recompensas. Algunos ni se atreven a afrontar lo que no entienden. Cuanto más ignorante es un ser humano, tiende a ser más primario, más cerril. Me vienen a la cabeza los versos de Antonio Machado en *Campos de Castilla*:

"Castilla miserable, ayer dominadora
envuelta en sus harapos, desprecia cuanto ignora"

Y entre los más ignorantes están aquellos que creen justificado el uso de la violencia para convencer o coaccionar las conciencias.

Desearía transmitir a mis hijos el legado de una **apertura intelectual hacia quienes piensan de manera diferente**, no viendo en ellos enemigos o peligrosos adversarios sino una oportunidad de enriquecimiento personal por contraste de opiniones. Es cierto que en el mundo hay muchos ignorantes violentos contra los que hay que estar prevenidos, o con los que es mejor no tener trato porque no hay intercambio posible de información. Pero no olvidemos que el odio se queda y anida en los corazones que lo expresan. Algunos son capaces de pensar en la vida eterna. Otros ni lo intentan. Y lo peor es que no lo intentan porque alegan que otros que consideran listos no perdieron el tiempo en ello, y que respecto a la vida eterna ya está todo pensado. Optan por un puzle con borde y plano. Es una opción. Se contentan con disfrutar ensamblando sus piezas en una ambiciosa empresa de 25 000 piezas porque dicen que otros que intentaron elevarlo sobre el terreno vieron cómo sus piezas caían estrepitosamente. Mejor metas asequibles, objetivos realistas, pegados al sustrato, simplones, aunque se extiendan prolijamente en superficie. Por extensos que sean, siempre serán superficiales.

24.- Elija dónde beber y defínase

Dicen los filósofos escolásticos que el bien es difusivo de sí. Algo que es bueno, uno desea ponerlo en conocimiento de todos aquellos a los que estima. Cuando uno encuentra una bicoca, enseguida lo manda al grupo de *wasap* para que lo sepan todos los amigos y se beneficien. Curiosamente, esto no es así en la cultura china porque cuando tienen conocimiento de algo bueno, se lo callan temiendo que, si lo comunican a otros, lo bueno se acabe pronto. Desde una perspectiva material, así es: un bien material se diluye en partes cada vez más pequeñas cuando hay más gente para repartir. Entonces habrá que matizar eso de que el bien debe difundirse a todo el mundo... por miedo a que se agote.

En una transacción material hay un intercambio: yo te doy un euro y tú me das una barra de pan. Ahora yo tengo tu barra de pan no tengo euro y tú tienes mi euro pero te falta una barra de pan. Cuando la transacción es inmaterial, por ejemplo, yo te enseño a vendarte un tobillo mientras tú me recitas un soneto, y al final ambos sabremos vendar tobillos y ambos sabremos un soneto. No ha menguado nada material en la transacción. Y para que no se acabe, debe ser algo no material, que no se agote a medida que se vaya repartiendo. ¿Qué bien realmente lo es si cuando se reparte se pierde? Un bien material que uno teme perder siempre ha de ser fuente de preocupación más que de gozo.

Si nos fijamos en la sociedad del siglo XXI, no es fácil que la gente vea otro bien más allá de lo material. Si acaso la salud, la felicidad, o conceptos todavía más abstractos como el bienestar, la familia, la alegría... Pero todos ellos se pueden traducir en dinero, encontrar el equivalente en valor económico. Si pregunto: ¿de qué bien dispones que estés dispuesto a dar sin restricción a todos los que te rodean?, seguramente no encontrarás una respuesta rápida. ¿No encuentras ninguno? ¿No tienes de verdad nada que puedas ofrecer a los demás sin que desees recibir nada a cambio, sin que sientas que te estás empobreciendo al darlo? Piensa, piensa un poco... ¿qué tienes que puedas dar a cambio de nada? ¿Acaso un poco de tu tiempo? ¿Las monedas de tu bolsillo? Si de verdad no tienes nada que puedas dar a cambio de nada... probablemente eres en realidad pobre, no dispones del verdadero bien que es difusivo de sí, que se expande por todos los rincones de tu existencia igual que un gas lo hace de manera uniforme por todo el recipiente que lo contiene.

La existencia de un credo, de un conjunto de ideas en las que se cree, puede ser motivo más que suficiente para la difusión de esas ideas. El que es seguidor de un equipo de fútbol, desea que mucha gente sea de ese equipo, sabe que aunque haya mucha gente que lo sea, a él no le supone merma en su adhesión. Incluso en ocasiones, la refuerza. Una persona decide afiliarse a un partido político porque en su ideario ve reflejados sus principios, su expectativa de lo que debe ser un buen gobierno. O lo hace porque ve en ello una oportunidad de medro personal ya que las encuestas de intención de voto le dan una proyección favorable. Y entonces desea que mucha gente más se afilie. Otros se inscriben, simplemente, porque se apunta mucha gente y les parece que mucha gente tiene que tener la razón, sobre todo en los países donde se idolatra la democracia. A muchos de pequeños los apuntan a un club de fútbol o les bautizan y les hacen miembros de la Iglesia, por supuesto no contra su voluntad, porque voluntad no tienen ninguna al nacer. Luego ya veremos si al crecer perseveran en ese empeño por pertenecer a esas instituciones, si quieren renovar el carnet de socio o si superan el convencionalismo social de la Primera Comunión con una ceremonia más meditada como sería el sacramento de la Confirmación.

Nuestra vida se va encontrando con lo que los antropólogos llaman "ritos de paso" arrastrados por la inercia de los convencionalismos sociales. Un rito de paso muy clásico en España fue el servicio militar obligatorio, la mili. Ir a la mili era hacerse mayor, hasta el punto de que en los pueblos era motivo de recelo y sospecha que algún joven se librara de ella… se comentaba que el quinto podía tener alguna tara… Pero no porque desaparezca la mili deja de haber ritos de paso, se reinterpretan: puesta de largo, presentación en sociedad, fiestas de graduación, despedidas de soltero… Para muchos niños, la Primera Comunión es un rito de paso importante no por ser comunión sino por ser la primera, porque quizás no hagan la segunda. Incluso algunos reivindican hacer la Primera Comunión por lo civil, por aquello de no privar a sus vástagos del evento social, ya que en el religioso no tienen fe. Pero es que de niños… ¡nos obligan a hacer tantas cosas por convencionalismo social! A medida que crecemos y adquirimos autonomía, pensamos que nuestras elecciones son libres… tan libres como nuestro intelecto nos lo permita.

Para un cristiano convencido, la necesidad de difundir su credo es un imperativo. Es ese bien que, si realmente lo es, no puede por menos que reventar en todas direcciones. Y que no disminuye conforme se reparte. Lo difícil es… saber qué repartir. Porque en este tiempo de confusión, de oscuridad, de falta de criterio y de buenos pastores, ¿qué se puede difundir sin que sea una estafa? En el desarrollo de este libro hemos dejado ver que creer en la vida eterna implica creer en el que la puede dar. Y ése que la puede dar se ha manifestado, lo ha dicho: dice que Él es la vida eterna. Esto o se cree o no se cree. Pero ¿cómo acceder a Él? ¿Dónde están sus verdaderos ministros, sus enviados? ¿Quedan todavía? ¿Cuáles son los predicadores de las palabras de vida eterna? Son tiempos oscuros, acaso los últimos, los que el mismo Jesucristo vaticinó sobre la falta de verdaderos pastores (cfr. Lc 17, 22).

La revelación de Dios se guarda en el depósito de la fe, la Biblia y la Tradición. Durante muchos siglos la Iglesia ha sido el depósito de este legado. Los sacramentos han sido el cauce por el que nos ha llegado la gracia de Dios a los hombres a lo largo de la historia. Nosotros vivimos apenas un periodo muy breve de esa historia y nos cuesta asumir cómo era, cómo han sido esos ritos en el pasado. Muchas veces se acude a los oficios religiosos con la nostalgia de lo que debería ser pero no es. Porque si se estudia un poco de historia de la Iglesia será fácil darse cuenta de los cambios tan grandes que se han operado en los ritos con el paso del tiempo. Ha habido etapas muy duras, de grandes crisis y ataques que han puesto en peligro la transmisión apostólica. El hecho de que haya podido pervivir esta empresa a lo largo de los siglos a pesar de tantos avatares ya es indicio de su divinidad (cfr. Hch 5, 38-39). Pero actualmente, ¿sigue Dios presente en su Iglesia? Es una cuestión que los convencidos católicos ni se atreven a formular apelando a la asistencia del Espíritu Santo "hasta el fin de los tiempos". Otros miran los "signos de los tiempos", aquel "por sus frutos los conoceréis" y se preguntan si acaso no estamos llegando ya al fin de los tiempos, precisamente por esa falta de buenos pastores, de aparente desasistencia del Espíritu Santo a su Iglesia, promesa de Jesucristo.

Si bien a lo largo de los siglos han sido numerosos los enemigos que han atacado la Iglesia frontalmente, probablemente la estrategia más destructiva del demonio ha sido colarse dentro de ella. Aquel "heriré al pastor y se dispersarán las ovejas" que cita Jesús evocando al profeta Zacarías (13,7) se ve reflejado en la transformación que la Iglesia ha sufrido a lo largo del siglo XX, ya urdida y preparada en siglos anteriores, vista y denunciada por papas como Pío X en su condena al modernismo y materializada con anuencia de sus sucesores. Hablar de "transformación" no es casualidad. No es una palabra baladí pues alberga mucho sentido y refleja la importancia de suceso. Decir que la Iglesia ha sufrido una transformación importante durante el siglo XX no es decir cualquier cosa: ha cambiado de forma, ¿ha mutado acaso su misión y su cometido? Precisamente un estudioso de éste… más que mero cambio, fue el teólogo suizo Romano Amerio, al que hacíamos mención por su obra *Iota Unum*, de obligada lectura para quienes realmente quieran saber por dónde anda metido el diablo. Pero advierto que la lectura de ese libro pondrá a prueba los cimientos de su fe. Ya lo dejé escrito antes: los cristianos del siglo XXI o serán místicos o no serán, porque la sede está tocada y el cisma a punto.

Como la única condición necesaria para morirse es estar vivo, mientras escribo soy consciente de que estoy vivo y, por tanto, en cualquier momento me puedo morir. Los médicos también se mueren, incluso pueden morirse antes de llegar a la jubilación, por supuesto. La muerte es algo que sobreviene. A veces te descubren una enfermedad de esas que llamamos terminal (la vida misma es una enfermedad irremediablemente terminal) que por lo menos te avisa, aunque muchos preferirían que no hubiese "avisos". La muerte es también con lo que nos enfrentamos en vida cuando acudimos a los funerales de conocidos y compañeros.

La de tonterías y simplezas que hay que oír acerca de los finados. Resulta de mal gusto sacar a colación cosas negativas de los protagonistas del sepelio. Del fallecido se habla bien, al menos durante su funeral, aunque fuese un sinvergüenza. Incluso aunque el muerto haya sido una buena persona, ¡se escuchan unas cursilerías...! Que si era un padre ejemplar, una persona caritativa, un dechado de virtudes, un insigne maestro, un bondadoso y servicial conserje, una investigadora meticulosa e infatigable, un soldado valeroso, un médico volcado en sus pacientes, un servidor de la ley y el orden... Es tan grande el malestar interno que me ha generado escuchar o leer estos panegíricos que en numerosas ocasiones he estado tentado de escribir el mío propio, lo que a mí me gustaría que se dijese en mi funeral, para evitar que cualquier exaltado aportase cosas de su cosecha que me enojasen tanto como para pegar un brinco desde mi tumba.

Pero no lo haré en este libro. En este libro no voy a dejar escrito lo que me gustaría que se leyese al día siguiente de mi muerte, eso ocupa poco espacio y lo tengo en otro lugar. Aquí en lo que me queda debo dejar el resumen de por qué y para quién he escrito esto. Porque mientras estoy vivo tengo una imperiosa necesidad de dar a conocer a todos los que me rodean lo que yo considero que es bueno, el bien. Tengo necesidad y obligación de hacerlo con todo el mundo pero sobre todo con aquellas personas a las que más quiero o más me quieren y que son las que leerán este libro.

Vivir es hermoso. En mi profesión he tenido ocasión de ver constantemente cómo esa lucha con la muerte —muerte bien psicológica o bien física— ha transformado la belleza de la vida en angustia vital. Son los desafíos, los puntos de inflexión de la vida, los que ponen a prueba nuestras convicciones, nuestras creencias. Son los miedos los que nos hacen suscribirnos seguros de vida o de enfermedad o rezar rosarios. He visto tantas reacciones en la consulta y, sin embargo, no las he visto todas, porque cada paciente es diferente, cada interacción sigue siendo aleccionadora. Sigo poniendo numerosas piezas alrededor del puzle de mi vida que expanden el dibujo para el que todavía no atisbo extremo. No tengo ninguna pieza con borde liso, ninguna frontera, aunque tengo algunas islas pequeñas que encajan pero sin haber trabado contacto todavía con la pieza principal de mi vida. Y no sé si algún día lo harán. Continúo poniendo de vez en cuando piezas hacia arriba para darle a mi existencia algo de relieve, aunque reconozco que no con tanta fruición como en el pasado. Crecer en altura requiere de una calma que ahora, en este momento de mi vida, no dispongo. Si cambiar pañales es compatible con la mística, a mí no me sale. Y al fondo de mi vida presiento que dejaré el puzle sin terminar, inconcluso. Pero la meta no está en acabarlo sino en hacerlo cada día más grande, en descubrir nuevas fronteras y rebasar horizontes disfrutando con ello.

A pesar de estas limitaciones, considero que mi vida hasta aquí ha sido bastante enjundiosa, mucho mejor de lo esperado. Y si la salud acompaña, confío en seguir expandiendo el puzle de mi vida a ver si consigo anexionar esas parcelas que todavía no he encajado, comprender lo que todavía no entiendo, y sacar tiempo para darle algo más de relieve. Propósitos no faltan. De las experiencias de mi vida hasta la fecha sí deseo dejar un reporte de actividad. He leído mucho pero no tanto como quisiera: sacrifiqué el tiempo de lectura por escuchar a los pacientes. De escuchar se aprende mucho, bastante más que lo que se puede leer en muchos libros. Por eso deseo dejar a modo de epílogo el testamento que recoge lo más importante de lo que he vivido, la obligación que tengo de transmitir lo mejor a quienes más quiero. Y como Dios me puede llamar en cualquier momento para rendir cuentas, al menos que por mi parte no quede haber dejado sin decir lo que tenía obligación de decir (cfr. Ps 40, 10).

Este libro, sobre todo en la segunda parte, está salpicado de citas bíblicas, apenas creo que son 35. Son apuntes que pretenden dirigir la mirada del lector hacia la fuente, para que acuda donde se cree que están guardadas las palabras que dan la vida eterna, palabras mayores para unos, humo para otros. Considero poco científico posicionarse como ateo o agnóstico sin haber leído la Biblia al menos una vez en la vida, pues queda muy mal hablar de lo que uno no conoce. No sólo por tener un poco de "culturilla" general que dicen, sino porque puede ser que efectivamente uno descubra que, por encima del rollo que es el libro de los Números o lo erótico del Cantar de los Cantares, ahí puede estar la palabra de Dios. El Antiguo Testamento prepara lo que recoge el Nuevo Testamento. Y la apoteosis que supone el libro del Apocalipsis, el único libro profético del Nuevo Testamento, ya deja abierta la interpretación para todo tipo de especulaciones. Como decía el periodista León Bloy, cuando quiero estar al tanto de las últimas noticias, leo el Apocalipsis.

Pueden seguirse las pautas o pasos de muchos exégetas que han pasado por la historia con más o menos luces.

Como decíamos, gente lista, muy lista, la ha habido y la hay entre los que creen y entre los que no creen. Pero en una cuestión como ésta que puede tener tanta trascendencia para cada individuo, la necesidad de forjarse una opinión personal creo que merece un esfuerzo intelectual particular para no asumir sin más lo que otros dicen o cuentan: vaya usted a las fuentes. Difícilmente vamos a ser originales en nuestros planteamientos y criterios. De hecho, la mayor parte de la gente se apunta a una teoría que pensaron otros, sin analizar en profundidad los argumentos, sin verificar las fuentes ni las referencias que citan. Uno puede optar por la línea dura de la patrística, la mofa de los positivistas, la chanza de los conversos, el libertinaje de los revolucionarios, la suficiencia de los ilustrados... pero ya todos serán comentadores, actores que tomaron postura, agentes interesados en interpretar lo que las fuentes dicen. Insisto, vaya usted mismo a las fuentes y saque sus propias conclusiones porque el Espíritu Santo existe y le ayudará a entenderlo y quizás vea lo que no es apto para la razón: son cosas que tiene el amor.

Para aquellos que quieran arriesgarse a ver qué dicen los comentaristas, me atrevo a sugerir algunos que a mí me aportaron algunos argumentos de reflexión. Quizás los más ortodoxos sean los llamados Padres de la Iglesia, tanto griegos como latinos, que son un centenar de santos que entre el siglo I y VII dieron cuerpo a ese movimiento que se dio en llamar Cristianismo. Pero como son un poco áridos, me quedaría con Agustín de Hipona como el más asequible y práctico. Sin embargo, el conjunto de escritores más mordaces y divertidos son los conversos.

Los británicos Chesterton, Ronald Knox, C. S. Lewis, que tuvieron su precedente en el cardenal Newmann tienen una aguda visión del cristianismo porque lo han visto "desde el otro lado", desde el anglicanismo o desde la perspectiva judía o protestante, desde el "lado oscuro de la fuerza". También de filósofos que tuvieron infancias convulsas y que fueron interpelados precozmente por cuestiones existenciales. Tanto el alemán Robert Spaemann como nuestro Miguel de Unamuno anteriormente, se formularon preguntas acerca de la tragedia de existir... o cómo hacer para que la existencia no fuese tan trágica. Pero tanto si uno mira autores que se acercaron al Cristianismo como si se alejaron de él... eso no quita que cada cual deba al final forjar su propio cuerpo de creencias y decir en lo que cree. Hay que definirse, porque es mucho lo que está en juego.

25.- Epílogo

Comunicarse en tiempo limitado, y con implicación en lo que uno dice. Un mensaje que sea útil, provechoso para la vida, para dirigir los pasos con los que hoyamos este mundo.

Así concluyo, a modo de testamento, este relato en el que hay que mojarse. Aun a riesgo de saber que el tiempo puede mutar las intenciones, que podemos cambiar de manera de parecer, voy a dar cuenta de mi credo. No es una cuestión de sabiduría: conviene recordar que el sabio Salomón, con todo lo sabio que era, parece que al final de sus días no actuó muy al gusto de Dios, como leemos en el capítulo 11 del Primer Libro de los Reyes. Ser sabio no garantiza que veas el mejor camino para alcanzar la vida eterna. Muchos listos se pasan de listos. Pero como corolario de lo expuesto anteriormente, a día de hoy, afirmo:

-**Hay Dios**. No es un ¡ay, Dios!, sino una afirmación explícita de su existencia. Ésta es mi apuesta y mi confesión. No es una apuesta a lo Pascal, es una afirmación que hago como fruto de otras reflexiones que no vienen a cuento y que, aunque las expusiese, no son suficientemente racionales para posicionarse aquí. La opción teísta no es fruto de la razón, pero no es irracional. La afirmación de la existencia de Dios surge de la fe.

-**Cómo sea ese Dios es una tarea que involucra toda la vida.** Importa averiguar cómo es Dios porque una postura teísta no es deísta: el deísmo cree en un Dios creador, pero que, después de crear, se desentiende de lo creado. Yo creo en un Dios providente, justo y misericordioso. En extremo justo y en extremo misericordioso (el adjetivo de infinito se me va de lo que cabe en mi cabeza). Pero en mi experiencia, es un Dios muy diferente del que he visto que nos han contado los vendedores de espiritualidad. No se acercan ni de refilón. Y es más, me atrevería a decir que si crees encontrarlo por la razón… probablemente ése no es Dios. Dios está más allá del límite mental y sale al encuentro del que le busca, es Él quien se deja ver si le buscas. Está mucho más allá de lo que es el mero sentimiento. Si el encuentro se produce, no es porque tú le descubras a Él, sino porque Él sale a tu encuentro mientras Le estás buscando.

-**Creer en Dios o no creer marca una diferencia** entre personas. Marca la diferencia entre el ser humano inmanente y el ser humano trascendente. Es ese "dos amores fundaron dos ciudades…" que todo el mundo conoce de la obra *La ciudad de Dios* de san Agustín. Creer en Dios desde el teísmo hace que las acciones del hombre cobren un sentido de eternidad. El espectador de nuestra representación en el gran teatro del mundo, sabe de nuestros ensayos, de nuestros aciertos y de nuestros fracasos. En definitiva, conoce mejor que nadie la intención y el esfuerzo. Por eso el concepto éxito o fracaso que nosotros damos a las acciones, a los aparentes resultados… es muy relativo.

-Quien cree en Dios, en el Dios revelado, **ha de ser consciente de que ha de rendir cuentas** de todo su proceder. Siendo coherente con esas creencias, se adoptará un determinado código ético que está más allá de un mero actuar de cara a la galería. No se trata de comportarse bien sólo cuando los demás me vean y poder actuar mal cuando no me miren... porque Dios lo ve todo. Evidentemente, la opción de no creer en Él te libera de esa sensación de estar vigilado… y actuarás dentro de lo que el código penal de tu sociedad te permita. Vivirás arteramente negociando con las leyes positivas hasta donde puedas llegar para no incurrir en delito.

-Si optas por creer en Dios, **es muy socorrido hacerse un Dios a medida,** un Dios al que le agrade lo que haces y que justifique siempre tu proceder y tu conducta, que satisfaga tu conciencia aunque estés dañando a los demás. Conciencia tranquila, a pesar de que seas un hipócrita. Pero no te engañes: Dios es el que es, no necesariamente quien tú quieres que sea. Hay quien cree que amar a Dios justifica matar al infiel. ¿Pero acaso matar al infiel puede ser agradable a los ojos de Dios? Si miramos en la Biblia (cfr. Ez 33, 11), lo dudo: bastante condena tiene el que no cree, se pierde lo bueno de la vida. Nunca creas en un Dios que pide quitar una vida (detrás del relato del sacrificio de Abraham en el capítulo 22 del Génesis hay mucha meditación): Él es el Señor de la vida. Le basta un suspiro para aniquilar a la humanidad entera y sin embargo tolera incluso hasta a los que reniegan de Él.

-En caso de que la fe no alcance para orientar nuestro comportamiento, al menos deberíamos observar una ética kantiana: **no hacer a los demás aquello que no nos gustaría que nos hiciesen a nosotros.** Actuar, como proponía Kant, de manera que nuestra conducta pudiera ponerse como ejemplo a seguir por todo el mundo. Es una conducta muy valorada por agnósticos y personas que no logran, no consigue o no quieren creer. Hemos de adoptar un comportamiento ético que cuando menos permita la convivencia, por un sentido práctico de la vida.

-**El trato con las personas se basa en la confianza.** Al ir creciendo el recelo y el temor al engaño, la convivencia se hace cada vez más tensa y compleja. Debes saber hasta dónde te fías y en qué: existe posibilidad de que te engañen pero también puedes hacer daño recelando de los que se aproximen a ti con buen ánimo. Las interacciones con las personas tienen que ser fuente de enriquecimiento mutuo, de intercambio de conocimientos y afectos. Sería muy triste que al final de tu vida no hayas descubierto en las personas más ejemplos de lealtad que en un perro.

-**Verifica siempre tus referencias**: no arrastres prejuicios y ni mucho menos colabores a difundir rumores que pueden ser calumnias o infamias. Cuando oigas a alguien hablar de otra persona, recuerda que lo que Juan dice de Pedro dice más de Juan que de Pedro. El respeto a las personas reside, por encima de tus gustos, en que también Dios las respeta y quiere que sean libres, aunque se equivoquen en sus elecciones.

-Cuida tu cuerpo para que dure, para que esté sano. Pero tampoco exageres ese cuidado porque te llevará al narcisismo o la hipocondría. El cuerpo es una carcasa para pasear por la vida. La duración de nuestra vida biológica es limitada. Por más que la ciencia avance y se sumen años a la esperanza de vida, tenemos fecha de caducidad. Algunos ya apuntan a lo caro que resulta vivir más años, pero es que prolongar la existencia terrena es un negocio estupendo para quienes de verdad creen no tener otra cosa que esta vida. Ya lo creían los egipcios y por eso momificaban. Igual que ahora.

-Fomenta el trato con las personas, cultiva la inteligencia emocional, aprendiendo a ponerte en su lugar, a ver las cosas desde su prisma. A medida que empatices con las personas dejarán de preocuparte el ruido de tus tripas. Uno de los grandes gozos que puedes experimentar en la vida es **llegar a ver las cosas desde los ojos de los demás**. Enriquece mucho ver su perspectiva. De ahí a la admiración y al respeto no hay más que un paso. Si aprendes a querer, lo de tolerar será más sencillo e incluso superfluo. Pero mucho más importante que ver las cosas con los ojos de los demás, es **aspirar a verlas con los ojos de Dios**, porque desde esa perspectiva es desde donde las cosas tienen **su verdadero valor. Recuerda durante toda tu vida las palabras del Salmo 119, 100:** *Super senex intellexi quia mandata tua quaesivi* **(He sido más sabio que los ancianos porque obedecí tus mandamientos).**

-No necesitarás mucho esfuerzo para recordar que tienes un tiempo limitado. Pero sí deberás refrescar la idea de que ese tiempo es para disfrutar y pasarlo bien y que del uso que hagas de él deberás dar cuenta a Dios. Cada cosa que haces tiene valor porque no volverá. No añores etapas pasadas y ni siquiera las venideras: **aprende a disfrutar con lo que haces ahora**, con el momento que estás viviendo. Cuando uno se sabe en manos de la providencia, todo lo que sucede es para bien, incluso lo que nos parece netamente negativo. Esas piezas… ya encajarán.

-Es bueno acostumbrarse a darle gracias a Dios por todo, por lo que tienes y también por lo que echas en falta. No es que Dios lo necesite, a Dios no le hace más grande nuestras alabanzas, sino que cada vez que le das gracias estás cayendo en la cuenta que estamos en su presencia y que nuestro destino, aunque lo orientamos y elegimos nosotros, está en sus manos. **La omnisciencia de Dios no está reñida con nuestra libertad.** La libertad es un don que Dios nos ha dado. La alabanza a Dios no hace a Dios más grande sino que engrandece al que lo alaba.

-Respeta a las personas porque son criaturas de Dios, aunque algunas no le reconozcan como tal. Respeta a las personas pero criba las ideas que oigas porque no todas tienen el mismo valor. Recuerda que por sus frutos los conoceréis. **Las personas son respetables porque son criaturas de Dios pero las opiniones son susceptibles de crítica. Y ni mucho menos todas las opiniones tienen el mismo valor.** Huye de la falacia del eclecticismo. Tendrás que convivir con muchas personas que no creen en Dios, incluso que en su ignorancia dicen odiarle. Estar con esas personas, ayudarlas, te enseñará las profundidades del ser humano, los abismos tan grandes que se esconden en las conciencias, sus temores. Respeta siempre su libertad aunque ellos no respeten la tuya. El que puede cambiar las conciencias no eres tú ni tu argumentación. Mueve más el ejemplo que las palabras.

-Vive desprendido de todo lo que tienes, pasa por la vida con austeridad y con lo mínimo indispensable, con ese señorío que proponía San Pablo "tamquam nihil habentes et omnia possidentes" como quien nada tiene y lo posee todo (2 Cor 6,10). Usa las cosas, disfrútalas porque así aprenderás también a prescindir de ellas o a no echarlas en falta si no las tienes. **La alegría de vivir no la dan los bienes materiales.** Te aseguro que en mi vida como médico he visto muchos ricos amargados. Y también pobres. Porque la alegría no surge de lo que uno tiene. En medio de la pasión, nos consume el deseo.

-Ten presente que el consumismo crece fomentando la infelicidad: los mercados necesitan hacer gente infeliz a la que le colocan sus productos prometiéndoles la felicidad si los poseen. La gente feliz no tiene necesidades de consumo más allá de las esenciales para la vida. La economía y la política te intentarán hacer creer que necesitas más de lo que realmente te hace falta para vivir. El arma de la economía es generar necesidades y, con ello, alimentar la infelicidad, la frustración. Hazte inmune a los caprichos. La austeridad siempre será admirada y nada tiene que ver con la tacañería: austero con uno mismo y dadivoso con los demás.

No quiero dar más consejos. Creo que incluso hay demasiados, pero hay que verlos como lo que son y pretendo, pinceladas para que cada cual dibuje el cuadro de su vida.

Yo no sé cómo es Dios. Ni creo que lo sepa ninguna inteligencia humana, fuera de la de Jesucristo porque es Dios (el que lo ha dado a conocer...). Por eso los maestros y pastores espirituales que he ido descubriendo me han parecido más bien exiguos, tanto más escasos cuanto más prepotentes. A veces a lo que Dios sea nos acercamos por vía negativa, por eliminación, diciendo lo que no es. Podríamos hacer uso de lo que Dios dice de sí mismo en la Biblia y darle vueltas, muchas vueltas, a ver si exprimimos el jugo: "Yo soy el que soy", *Ego sum qui sum* dice en Ex 3, 14, nos orienta a cuestiones metafísicas. «Dios es Amor» dice el apóstol Juan en su primera carta (1 Jn 4, 8). Jesús se dice «Camino, verdad y vida» según recoge el mismo Juan (Jn 14, 6) como evangelista. También en ese evangelio Jesús ante el escéptico Pilatos se reafirma como la verdad... Muy prepotente tal discurso para un mero hombre. Pero en fin, sea usted mismo el que bucee en el relato bíblico. A lo largo de estas páginas he hecho referencia o citado apenas treinta textos de la Biblia. Descubra usted por su cuenta lo que ahí se dice, examine su valor de verdad. Supere los prejuicios del mal ejemplo que han dado a lo largo de la historia quienes se han puesto como sus voceros (que también los ha habido buenos, ¿eh?) y enfréntese a su destino, usted mismo. Recuerde esta verdad de Perogrullo: nadie va a vivir su vida, la de usted, y nadie va a morir su propia muerte. Son acciones personales e intransferibles.

Hay muchas cosas lamentables a lo largo de la vida, muchas. Ocasiones de dolor, de injusticias, que hacen apretar los puños contra el Creador y maldecir su crueldad. Porque somos humanos y nos duele ese sufrimiento, absurdo, innecesario... como esas piezas del puzle que no sabemos dónde o cómo encajar. Cuando al final encuentran su sitio en el sentido de la vida, hemos empezado a ver las cosas con los ojos de Dios. Y entonces descubrimos que las cosas son mucho más sencillas de lo que creíamos y más maravillosas de lo que nuestra imaginación nos había permitido alcanzar. Hace falta perspectiva para ello porque desde la eternidad todo tiene un valor relativo. En las dimensiones del tiempo, las reglas del juego son otras. Por eso no es fácil entender las cosas de un lado con las reglas del otro.

Dicen que en casa del herrero, cuchillo de palo. Es posible que al llegar al final de este legado a mis hijos uno se sorprenda por esta confesión. Dar consejos con la mejor intención es lo que puede quedar plasmado en este libro. Pero si lo he escrito es porque precisamente nadie es profeta en su tierra y en estos momentos en mi casa no todo está en el orden que me gustaría. Ese desencuentro entre padres e hijos también se da en la familia del que esto escribe, sobre todo desde el fallecimiento de mi mujer en 2024. Comencé a escribir estas reflexiones en 2018 y desde entonces han pasado muchas cosas. En esta familia cada uno ha sufrido a su manera la falta de la figura central de una casa, la madre. Esto, sin duda, ha sido un factor a tener en cuenta para que haya fracasado la comunicación entre algunos miembros, confío que de forma temporal, más o menos acusada, pero que en cualquier caso ha deteriorado la convivencia feliz. Espero que la lectura de este legado nos sirva a cada uno para recapacitar acerca de nuestras conductas. Que aclare lo que pasaba por la cabeza de su padre mientras buscaba las palabras que no acertaba a decirles.

Estoy seguro de que algún día mis hijos, comprenderán en qué se fundamenta mi amor a Dios y a ellos. Y confío en que la lectura de este legado sirva para que siempre caminen al lado de Dios, guiados por su ángel de la guarda.

Con esto que dejo escrito no está todo dicho pero sí lo más importante, aquello que **me dolería enormemente no haber dicho cuando tenga que darle cuentas a Dios**. El desarrollo del contenido, queda para cada uno. «Ubi vult Spiritus spirat» (Jn 3, 8) y con esta cita bíblica dejo al lector su consideración: todo está en la Biblia.

Anexo

Citas bíblicas

Legado a mis hijos se terminó de imprimir en
Madrid en el mes de abril de 2025